SCHALOM
HABIBI

Die Deutsche Nationalbibliothek verzeichnet diese Publikation in der Deutschen Nationalbibliografie; detaillierte Daten sind im Internet über https://portal.dnb.de/ abrufbar.

Inh. Dr. Nora Pester
Haus des Buches
Gerichtsweg 28
04103 Leipzig
info@hentrichhentrich.de
http://www.hentrichhentrich.de

Lektorat: Philipp Hartmann
Umschlag: Gudrun Hommers
Gestaltung: Michaela Weber
Druck: Winterwork, Borsdorf

1. Auflage 2022

Printed in Germany
ISBN 978-3-95565-552-5

ARYE SHARUZ SHALICAR

SCHALOM HABIBI

ZEITENWENDE FÜR JÜDISCH-MUSLIMISCHE FREUNDSCHAFT UND FRIEDEN

HENTRICH & HENTRICH

Inhalt

1 Terror

Raphael sitzt auf der Wohnzimmercouch und starrt in den Fernseher hinein. Wie hypnotisiert. Jeder Versuch, ihn davon zu überzeugen, dass es höchste Zeit ist, ins Bett zu schlüpfen und schlafen zu gehen, weil er morgen zur Schule muss, scheitert. Er hört mich nicht. Er sieht mich nicht! Dabei ist der kleine Mann doch erst neun Jahre alt.

Als ich neun war, damals in Berlin, war bei mir um 20:00 Uhr das Licht aus und meine Eltern erlaubten keinen Mucks mehr. Doch Raphael starrt an diesem Abend des 29. März 2022 um 21:30 Uhr auf den Fernsehbildschirm, ohne einen Ton von sich zu geben. Und ich starre ihn von der Seite an und mein Herz rutscht langsam in die Hose, denn ich weiß nicht, was genau in ihm vorgeht.

Die Bilder, die er wahrnimmt, wahrscheinlich zum ersten Mal in seinem jungen Leben, so dachte ich zumindest, sind Bilder eines blutigen Terroranschlages nicht weit weg von unserem Wohnort im Zentrum Israels. Ein arabischer Attentäter hatte kurze Zeit vorher mitten in Bnei Brak, nähe Tel Aviv, mit einem Maschinengewehr das Feuer eröffnet und mehrere unschuldige Menschen ermordet.

Die Bilder im israelischen Fernsehen sind schrecklich. Chaotisch. Laut! Menschen im Schockzustand. Eine aufgewühlte Nachbarschaft. Dutzende Polizeistreifen und Krankenwagen. Sirenen. Geschrei. Zorn. Hoffnungslosigkeit!

Raphael beobachtet das wilde Geschehen sehr konzentriert. Er scheint die Bilder zu analysieren. Ein neujähriger Junge, der die Bilder eines Tatortes mit seinen unschuldigen Augen aufsaugt und in diesen Momenten alleine mit seinen Gedanken ist. Was versteht er wohl, frage ich mich und habe ein wenig Sorge, dass die Konfrontation mit dem Terror, dem Blut, dem Chaos, vor allem dem menschlichen Hass, der überhaupt erst zu solch einer schrecklichen Tat verleitet, eventuell einen nachhaltig negativen Einfluss auf ihn ausüben wird.

Doch dann dreht er sich plötzlich zu mir um und fragt mich: „Papa, warum hat der Araber Juden ermordet? Warum tun die das immer wieder? Warum hassen sie uns?"

Erst jetzt verstehe ich, dass mein neunjähriger Sohn ganz offensichtlich auch vom vorgestrigen Terroranschlag mit zwei Toten in der Stadt Hadera und höchstwahrscheinlich auch vom Terroranschlag vor einer Woche in Be'er Scheva mit vier Toten etwas mitbekommen hat. Und nicht nur hat er es mitbekommen, sondern es hat ihn ganz offensichtlich beschäftigt. Er hätte mich sonst nicht gefragt: „Warum tun die das immer wieder?" Nicht Einzahl, sondern Mehrzahl. Er weiß also genau, dass die Bilder, die er da gerade auf dem Bildschirm wahrnimmt, keinesfalls eine einmalige Situation darstellen, sondern ähnliche Situationen schon vorgekommen sind. Er weiß also, dass Menschen einfach so Menschen töten. Auf offener Straße. Ohne Vorwarnung. Nicht weit weg von unserem Wohnort.

Das muss ziemlich gruselig sein für einen neunjährigen Jungen, der gerade einmal in die vierte Klasse geht. Und er weiß ganz genau, dass Terroranschläge in Israel von Arabern ausgeführt werden, mit dem Ziel, Juden zu ermorden. Nicht irgendwo weit weg. Nein, bei uns um die Ecke. Ich muss tief schlucken.

Vielleicht bin ich mir heute zum ersten Mal wirklich bewusst geworden, dass mein Sohn in einer komplett anderen Sicherheitsrealität als sein Vater, also ich, damals in den 80er Jahren in Berlin-Spandau, aufwächst. Denn während ich damals nur etwas vom Fußballspielen verstand, wird er gezwungen, ob er will oder nicht, sich mit verschiedenen Nationalitäten, Religionen und ethnischen Gruppenzugehörigkeiten, mit Hass und Terror auseinanderzusetzen.

Wie kann ein neunjähriger Junge Terror verstehen, geschweige denn „verdauen"? Ich weiß es nicht. Das Wort Terror existierte schließlich nicht in meinem Wortschatz, als ich in seinem Alter war. Die Welt hat sich verändert. Berlin ist auch nicht Israel.

Doch wie erkläre ich nun meinem kleinen Sohn, warum ein Mann zum Attentäter wird? Warum ein Mann sich eine Waffe schnappt, in sein Auto steigt, an einen belebten Ort fährt, um dort einfach so auf Menschenjagd zu gehen? Mitten auf der Straße. Mitten in Israel. Mit nur einem Ziel vor Augen: so viele Juden wie möglich zu ermorden. Wie erklärt man das einem neunjährigen Jungen? Wie erklärt man diesen Hass? Wie erklärt man Terror?

Während ich mich das alles frage und keine gescheiten Antworten parat habe, sind die Augen meines Sohnes wieder auf den Bildschirm gerichtet. Die Bilder vom Tatort nehmen kein Ende. Das kenne ich natürlich, es ist schließlich nicht das erste Mal, dass es in Israel zu einem Terroranschlag mit tödlichen Konsequenzen kommt und daraufhin alle Fernsehkanäle ununterbrochen stundenlang live vom Tatort berichten. Doch diesmal ist es anders. Noch nie befand ich mich in einer Situation, in der ich meine Gedanken zu Terror mit einem Grundschüler hätte teilen müssen. Ich schweige.

Raphaels Gedanken scheinen wieder tief im Bildschirm versunken zu sein. Wahrscheinlich hat er schon vergessen, dass er Fragen gestellt hat. Das gibt mir noch ein paar Sekunden mehr, meine Reaktion gut zu überdenken, um bloß nichts Falsches zu sagen. Meine Reaktion sollte einerseits die bittere Realität des Hasses und Terrors nicht verniedlichen, andererseits jedoch keine Angst und Hoffnungslosigkeit machen, sondern die Antwort mit einer positiven Pointe abschließen. Es ist mittlerweile nach 22:00 Uhr und er muss jetzt wirklich ins Bett, also will ich ihm mit positiven Gedanken, so absurd es klingen mag, eine gute Nacht wünschen.

Plötzlich fällt mir ein, dass Raphael mich schon letzten Sommer, als die Terrororganisation Hamas Tausende Raketen aus Gaza auf Menschen in Israel abgefeuert hat, gefragt hat, warum unsere Nachbarn uns eigentlich töten wollen. Woraufhin ich ihm geantwortet habe, dass es leider radikale Muslime in und um Israel herum gibt, die nicht damit einverstanden sind, dass wir Juden hier sind und der Staat Israel existiert.

Das sind die schlechten Nachrichten, ließ ich ihn damals wissen. Das wird sich auch nicht ändern, ergänzte ich. Es wird immer diejenigen geben, die uns Juden, wenn sie nur könnten „ins Meer treiben würden", fuhr ich fort.

Doch ich hatte letzten Sommer, trotz Raketenbeschuss, auch gute Nachrichten zu vermelden: Immer mehr Muslime weltweit verstehen, dass weder Juden noch der Staat Israel ihre Feinde sind. Im Gegenteil. Sie verstehen, dass Juden Freundschaft wollen. Sie verstehen, dass viele Juden und Muslime schon jetzt glücklich in Koexistenz Seite an Seite leben. Und sie verstehen, dass der Staat Israel sich nichts mehr als Frieden mit seinen muslimischen Nachbarstaaten wünscht.

Ich blicke Raphael in die Augen und erkläre ihm in ruhigem Ton: „Raphael, es gibt leider auch böse Menschen auf der Welt. Einer von ihnen war dieser Mann, der heute diese schreckliche Tat ausgeübt hat. Er war ein Terrorist, weil er unschuldige Menschen aufgrund seiner radikalen religiösen Weltanschauung ermordet hat. Menschen wie ihn gibt es in und um Israel und wir müssen immer vorsichtig sein und auf uns aufpassen. Aber du darfst niemals verallgemeinern und denken, dass ‚alle Araber' oder ‚alle Muslime' so seien, denn das ist falsch. Du kannst dich sicherlich an die kopftuchtragende Kindergärtnerin deiner Schwester erinnern, oder an deinen netten Kinderarzt, oder an die mit dir scherzenden Mitarbeiter im Supermarkt. Sie alle sind auch Muslime und sie sind immer freundlich zu dir und mir. Konzentriere dich auf die positiven Begegnungen."

„Papa, ich bin jetzt müde und will schlafen gehen", antwortete er mit fast geschlossenen Augen, umarmte mich schnell und kurze Zeit später war er auch schon tief eingebuddelt unter seiner Decke und in seinem ersten Traum. Wahrscheinlich wird er seine Eindrücke von diesem Abend in seinen Träumen fortführen.

Mir bleibt nur zu hoffen, dass er sich gedanklich, wie von mir empfohlen, auf die positiven Begegnungen konzentriert und genau das sich in seinen Träumen widerspiegeln wird. Denn das ist es, was ich mache. Terror hin oder her.

2 Das Glas ist halbvoll

Genau, Terror hin oder her! Eine hundertprozentige Lösung wird es gegen Hass, Menschenfeindlichkeit und Terror leider niemals geben, warum sollten wir uns also damit befassen? Es macht in erster Linie schlechte Laune und gibt uns ein Gefühl der Hoffnungs- und Hilflosigkeit.

Viel gescheiter wäre es doch, uns auf das halbvolle Glass zu konzentrieren: auf positive Begegnungen, Erlebnisse und Erfahrungen. Leider tun wir das nicht ausreichend. Ein Blick in die täglichen Nachrichten aus aller Welt genügt, um sofort festzustellen, dass negative Schlagzeilen in der Regel einen zentraleren Platz in unserem Leben einnehmen als positive Meldungen. Wie soll man da noch seinen Optimismus bewahren? In einer Welt, in der es schon immer und immer noch drunter und drüber geht, als würden wir im Dschungel leben und auf den täglichen Überlebenskampf ausgerichtet sein.

Nein, so muss es nicht sein! So sollten unsere Kinder nicht aufwachsen. Ohne ihnen die Gefahren, Herausforderungen und Probleme des Lebens verheimlichen zu wollen (schließlich müssen sie auf den täglichen „Dschungel“ vorbereitet sein), versuche ich, das Positive hervorzuheben, in jederlei Hinsicht und Situation.

So auch und insbesondere in zwischenmenschlichen Beziehungen. Denn schon im jungen Alter merken Kinder, dass nicht jeder wie sie ist. Der eine ist blond, die andere hat eine dunkle Hautfarbe, die dritte trägt ein Kopftuch. In einer zunehmend miteinander verschmolzenen Welt, teilweise ohne Grenzen, verstehen Kinder schon im jungen Alter, wie meine siebenjährige Tochter Michelle, dass es starke äußerliche Unterschiede zwischen

Menschen gibt. Eine Sache, die mir, der ich in Berlin-Spandau während der 80er Jahre aufgewachsen bin, weniger verständlich war und meinen Eltern in den 50er und 60er Jahren im Iran noch um einiges weniger.

Anders sein, anders aussehen, sich anders benehmen sollte nicht sofort als etwas Negatives aufgefasst werden. Doch leider ist nicht selten genau das der Fall. Nicht immer sind Rassismus oder Fremdenfeindlichkeit der Grund dafür, sondern oftmals einfach die Scheu vor etwas Unbekanntem. Was sie nicht kennen, betrachten nicht wenige Menschen mit einer gewissen Skepsis. Kommen noch Gerüchte hinzu, die man über das „Unbekannte" gehört oder gelesen hat, wird aus Skepsis Sorge und aus Sorge früher oder später Angst.

Die Angst vor dem Fremden! War es nicht auch die Angst vor dem Fremden, die viele Deutsche dazu verleitet hat, d'accord zu sein mit Hitlers krankhaftem Wahn gegen die Juden? Wurde etwa nicht verbreitet, dass die Juden versuchen würden, die Weltherrschaft an sich zu reißen – beziehungsweise dass sie hinter den Kulissen sowieso schon längst alle Fäden ziehen würden? Ist ein Großteil der Deutschen, obwohl mehrheitlich aufgeklärte Menschen, nicht auf die Hasspropaganda hereingefallen?

Wie viele Deutsche kannten denn jüdische Mitbürger und Mitbürgerinnen persönlich? Ein kleiner Prozentsatz. Genau wie heute. Denn auch heute, im Jahr 2022, haben die allermeisten Deutschen keine Juden in ihrem engen Bekannten-, geschweige denn Freundeskreis. Zumindest hat sich in diesem Bereich der zwischenmenschlichen Beziehungen nicht viel verändert. So stellen „der Jude" und „der jüdische Staat Israel" für viele Deutsche nach wie vor etwas Fremdes und Unbekanntes dar.

Und schlimmer noch: Wenn sich das Gespräch in Richtung der Themenfelder „Juden" und „Israel" bewegt, kommen bei vielen Deutschen negative Emotionen hervor. Was geht einem schließlich durch den Kopf, wenn man die Wörter „Jude“ oder „Israel“ hört? Normalerweise mindestens eines der folgenden drei Dinge: Holocaust, Antisemitismus und der „Nahostkonflikt“. Mit Letzterem verbinden sich dann Assoziationen von der israelischen Armee und der israelischen Regierung als Problem, als Unterdrücker, Besatzer, Friedensverhinderer, bis hin zu wirklich absurden Vergleichen zu der deutschen Vergangenheit zur Zeit der Nationalsozialisten.

Oft kommen diese drei Dinge – Holocaust, Antisemitismus und „Nahostkonflikt“ – gleichzeitig ins Bewusstsein. Es besteht somit ein direkter Faden zwischen der hochproblematischen Vergangenheit mit den jüdischen Mitbürgern und Mitbürgerinnen und den aktuellen Nachrichten aus Israel, die oftmals in eine ganz bestimmte Richtung tendieren. Eine ganz bestimmte Richtung, die mit einem Tunnelblick wahrgenommen wird und sich seit Jahrzehnten in vielen Köpfen festgesetzt hat.

Es ist an der Zeit, das Geschehen im Nahen Osten aus einem anderen Winkel zu betrachten. Mit Blick auf das halbvolle Glas – aus einer entspannteren und positiveren Perspektive. Sobald das der Fall sein wird, werden sich eventuelle Schuldgefühle vielleicht nicht komplett in Luft auflösen, jedoch definitiv an Gewicht verlieren.

Das vorliegende Buch über jüdisch-muslimische Freundschaften könnte meiner Ansicht nach aus genau diesem Grund eine Art Rettungsanker für die deutsche Seele darstellen. Mit dem Ziel, beim Thema Juden und Israel nicht sofort an die schrecklichen Bilder des Holocausts zu denken, an den täglich aktuellen Antisemitismus auf deutscher Straße oder an Negativschlagzeilen aus Israel.

Im Gegenteil. Die Betonung auf die positiven Entwicklungen zwischen Juden und Muslimen, Israel und der muslimischen Welt zu legen, wird ohne jeglichen Zweifel beim nach wie vor weit verbreiteten „Schreckensthema" Juden und Israel, aufgrund der negativen Emotionen, endlich den Faden zur Vergangenheit lockern, um die Vergangenheit auf sich beruhen zu lassen und das gegenwärtige Geschehen mit positiver Attitüde nachvollziehen zu können.

Nicht „der Nahostkonflikt" und Krieg sollten beim Thema Juden und Israel blitzartig in den Gedanken hervorspringen, sondern Gedanken zu friedlicher Koexistenz und Bilder von Freundschaften zwischen Juden und Muslimen.

Es sollte mittlerweile kein Geheimnis mehr sein, zumindest für den aufmerksamen Beobachter, dass Israel sich mit vielen muslimischen Staaten verbündet hat und immer mehr Juden und Muslime sich sogar öffentlich gemeinsam fotografieren lassen, um ein klares Zeichen gegen Hass, Verleumdung und Antisemitismus zu setzen.

Doch leider überwiegt in vielen Teilen Europas, auch in Deutschland, das Narrativ des Konfliktes und nicht der Annährung und Koexistenz, wenn es um das Thema Nahost geht. Ein Blick in die Abendnachrichten oder Buchveröffentlichungen der letzten Jahre sollte genügen, um einen Eindruck davon zu erhalten: Wie viele Bücher sind auf dem deutschen Buchmarkt erschienen, die von einer neuen und positiven Realität erzählen? Und wie viele hingegen, die Krieg, Konflikt und Terror behandeln? Wie viele Schlagzeilen gibt es in den Leitmedien über Freundschaft und Friedensbemühungen zwischen Juden und Muslimen, Israel und der muslimischen Welt? Wie viele handeln hingegen vom „Nahostkonflikt"?

Es ist eine bittere Realität, an der wir Menschen selbst schuld sind, und es liegt in unseren Händen, sie peu à peu zu verändern, um das halbvolle Glas zu betonen und eine neue Realität wahrzunehmen.

3 Von Berlin nach Jerusalem

Die Angst vor dem Unbekannten, dem Fremden, war eventuell auch einer der Gründe, warum ich während meiner Jugendzeit in Berlin-Wedding von vielen Muslimen angefeindet wurde. In gewisser Weise hat die antisemitische Rhetorik der Nationalsozialisten wahrscheinlich sehr ähnliche feindliche Emotionen bei Deutschen ausgelöst, wie radikalislamische antisemitische Erzählungen es bei vielen jungen Muslimen heute verursachen. Es spielt dabei kaum eine Rolle, ob die jungen Muslime im Nahen Osten, Frankreich oder Berlin-Wedding aufwachsen.

Hasspropaganda auf Arabisch, Türkisch, Persisch und anderen zentralen Sprachen der muslimischen Weltgemeinschaft hat absolut keine Grenzen und verbreitet sich heutzutage mit Hilfe internationaler Medien und den sozialen Netzwerken innerhalb weniger Sekunden auf dem gesamten Globus und wird jeden und jede erreichen, der und die dafür empfänglich ist. Tägliche Propaganda von radikalen Menschen, die von Hass statt von Liebe und der Vision des Zusammenlebens in Frieden geleitet werden. Hass, der auch mir viele Probleme bereitet hat, damals auf den Straßen Berlins.

Wer von meinen damals 14-jährigen muslimischen Freunden, die teilweise über Nacht zu Feinden wurden, nachdem sie erfahren hatten, dass ich ein Jude bin, hatte denn einen Juden getroffen, bevor er mir aus nächster Nähe in die Augen blicken konnte? Niemand von ihnen. Nicht ein einziger.

Die teilweise extrem feindlichen Reaktionen, nachdem ich mich als Jude „geoutet" hatte, ohne einen blassen Schimmer zu haben, was ich mir damit eigentlich antat, waren somit ein Resultat langjähriger häuslicher Hasserziehung in Bezug auf Juden und Israel. Eine Hasserziehung, die sehr früh beginnt und beim Kind nachhaltige Spuren hinterlässt.

Man muss sich das so vorstellen, als würde man im Alter von sechs Jahren schon jeden Tag vernehmen, dass von den Eltern und Verwandten jedes Mal, wenn etwas in ihrem Leben schief läuft und sie jemanden dafür die Schuld in die Schuhe schieben wollen oder einfach nur schlechte Laune haben, das Wort Jude fällt. Als ob der Jude der Teufel wäre. Das absolut Böse.

Immer wenn man flucht, dann taucht das Wort Jude auf. Immer wenn Papa unzufrieden ist, dann taucht das Wort Jude auf. Immer wenn Mama jemanden für die familiäre Misere beschuldigen will, dann taucht das Wort Jude auf. Immer wenn etwas kaputt geht oder zerbricht, dann fällt das Wort Jude.

Wie soll ein Kind während der Grundschuljahre das Wort Jude somit nicht als etwas äußerst Negatives auffassen? Die Wörter „Jude" und „Israel" werden jungen Kindern als Synonyme für den Teufel eingehämmert. Jude gleich Teufel. Teufel gleich Jude. Irgendwann sehen Kinder keinen Unterschied mehr zwischen den beiden Wörtern.

Ich übertreibe hiermit absolut nicht. Wie sonst lässt sich erklären, dass mein bester muslimisch-indischer Freund mir die Freundschaft gekündigt hat, nachdem er erfahren hatte, dass sein bester Freund ein Jude ist? Wir waren doch gerade erst Teenager geworden. Was verstanden wir schon von der Welt? Was hatten wir im Wedding außer unsere Familien und unsere Freundschaft?

Ganz offensichtlich verstand mein bester Kumpel mehr von der Welt als ich. Zumindest war er davon überzeugt, dass er etwas von der Welt verstehen würde, als er seinem besten Freund den Rücken zukehrte, weil er nicht mit dem „Teufel“ befreundet sein wollte und konnte. Hatten es ihm seine Eltern etwa nicht so beigebracht? Wenn nicht sie, wer dann? Wer oder was übt schließlich einen so starken Einfluss auf einen in Deutschland geborenen und aufgewachsenen Jungen mit indischer Herkunft aus wie die eigenen Eltern in den eigenen vier Wänden?

Dreißig Jahre sind seitdem vergangen und ich bin noch immer nicht darüber hinweg. Es tut weh. Fast wie damals, als er unsere Freundschaft, aus meiner Sicht, ohne jeglichen Grund beendete und nie wieder ein Wort mit mir wechselte, geschweige denn mir jemals wieder in die Augen blickte. Ich kann und werde die Existenz dieses Hasses niemals verschweigen oder verniedlichen und ihn weiterhin so lange thematisieren, wie er verheerende Konsequenzen zur Folge hat.

Verstehen konnte ich als Jugendlicher jedoch auch noch nicht, wie sich meine ganz persönlichen damaligen Lebensumstände und die Situation des Staates Israel ähneln. Wie ähnlich sich Mikro und Makro sind. So wie mir, einem einzigen Juden inmitten einer muslimisch dominierten Nachbarschaft in Berlin, offener Judenhass mit voller Wucht im wahrsten Sinne des Wortes ins Gesicht klatschte, so ist es die Realität Israels seit dem ersten Tag seiner Wiedergeburt im Jahre 1948, als einziger jüdischer Staat im Herzen der muslimischen Welt angefeindet und bekämpft zu werden. So wie mir damals von einigen in der Nachbarschaft gesagt wurde: „Wir wollen keinen Juden in unserer Gegend haben, auf unseren Straßen sehen“, so wollen viele radikale Muslime keinen jüdischen Staat in ihrer Region dulden. So wie die große Mehrheit meiner muslimischen Mitbürger und Mitbürgerinnen, als ich in Berlin aufwuchs, keine Juden kannten, geschweige denn in ihrem Freundeskreis hatten, so kennen die meisten Bewohner Dutzender muslimischer Staaten weltweit keine Juden aus nächster Nähe.

Negative Erzählungen, Hasspropaganda und Emotionen sind nicht umsonst stark verbreitet. Ein Narrativ vom Fremden, vom Unbekannten, das in nicht wenigen Haushalten mit dem Teufel gleichgesetzt wird, überwiegt. Negative Eindrücke führen zu Hass. Hass führt zu Terror. Terror führt zu Krieg und unnötigem Blutvergießen. Eine Spirale der Gewalt!

Gibt es eine Lösung gegen diese Spirale? Kann man Hass, der ganz offenbar sehr tief sitzt, wirklich bekämpfen? Können wir ein über viele Jahrhunderte gegen Juden und mittlerweile auch seit Jahrzehnten gegen Israel weitervermitteltes, negativ belastetes Narrativ schwächen? Abändern? In Frage stellen?

Ja! Davon bin ich felsenfest überzeugt. Auch in diesem Fall laufen, wenn nicht sprinten mittlerweile, Mikro und Makro parallel zueinander.

Wenn wir einen Zoom-Out wagen und uns die Welt aus der Makroperspektive anschauen, dann steht fest, dass die gesamte muslimische Welt nicht mehr umhinkommt anzuerkennen, wie Israel und die Vereinigten Arabischen Emirate sich im Laufe der letzten Jahre zu besten Freunden entwickelt haben. Die muslimische Welt kommt auch nicht umhin zu sehen, wie Israel und Marokko, Israel und Bahrain und Israel und Ägypten in immer besseren Beziehungen zueinander stehen. Auch mit der Türkei, Kosovo, Aserbaidschan, Sudan, Jordanien, Kurdistan und anderen muslimischen Staaten und Völkern steht der jüdische Staat in immer engeren Verbindungen. Das sickert so langsam durch. Doch dazu später mehr.

Was jedoch leider noch auf etwas weniger Gehör und Aufmerksamkeit stößt, ist das Mikrolevel. Zwischenmenschliche Erfolgsgeschichten. Erzählungen von positiven Begegnungen und wahren Freundschaften. Geschichten, die jeder und jede nachvollziehen und sich vielleicht sogar mit ihnen identifizieren könnte.

Man lebt nun Mal in der Regel in seiner eigenen Gemeinschaft. Fühlt sich dort, in jederlei Hinsicht, geborgener und sicherer. Sprache, Musik, Humor, Essen, gemeinsame Erzählungen und Weltwahrnehmungen. Ich kann das gut nachvollziehen, denn so war es auch bei meinen persisch-jüdischen Familienangehörigen, die in erster Linie mit anderen persischen Juden befreundet waren. Oder bei meinen deutschen Nachbarn in Berlin-Spandau in den 80ern, die kaum mit Ausländern zu tun hatten. Und so war es auch zehn Jahre später unter den Türken und Arabern in Berlin-Wedding, den Mexikanern in Los Angeles oder den israelischen Beduinen – sie alle bleiben in erster Linie unter sich.

Eine krasse Ausnahme stellte ich in Berlin dar. Ich hatte in meinem Bekannten- und Freundeskreis keinen einzigen Juden und nur einen einzigen persischsprachigen Freund bahaischer Religionszugehörigkeit. Das war's. Alle anderen um mich herum waren in erster Linie Türken, Kurden oder Araber. Und sie alle hatten eine Gemeinsamkeit: Sie waren Muslime.

So führte in meinem Fall kein Weg daran vorbei: Ein Jude persischen Ursprungs freundete sich mit Dutzenden Muslimen an. Wir ähnelten uns nicht nur äußerlich, sondern auch vom Benehmen her. Eigentlich unterschied uns kaum etwas, wenn ich zurückdenke. Wir alle waren schwarzhaarige, temperamentvolle, witzige, fußballspielende und aus eher ärmlichen Verhältnissen stammende Jugendliche. Wir hatten sehr viele Gemeinsamkeiten. Man hätte mich nicht von ihnen unterscheiden können. Wer nicht wusste, dass ich ein Jude bin, der hätte es niemals ahnen können.

Es fiel insbesondere gleichaltrigen Türken sehr leicht, sich mit mir anzufreunden. Viele von ihnen hatten nicht von klein auf die „Jude-gleich-Teufel"-Erziehung über sich ergehen lassen müssen, waren nicht indoktriniert und somit nicht voreingenommen, als wir uns anfreundeten. Es waren einfach Freunde, wie man sich Freunde vorstellt. Wir gingen gemeinsam durch dick und dünn. Jahrelang.

Es kam auch zu Situationen, die mir bis heute nicht aus dem Kopf gehen und mich schon als Jugendlichen davon überzeugt haben, dass es zwei Seiten der Medaille gibt. Zwar gibt es diejenigen, die voller Hass, eventuell unbelehrbar und gefährlich sind. Aber das sind auch jene, denen es egal ist, ob du Jude bist oder nicht, und die, sobald sie dich als Freund sehen, bereit sind, dich selbst vor anderen Muslimen, die wiederum antisemitische Vorurteile haben, zu verteidigen.

Mehrmals geriet ich im Laufe meiner Jugendjahre in nicht von mir provozierte Auseinandersetzungen mit judenfeindlichen Muslimen, aus denen ich dank dem Einsatz meiner muslimischen Freunde mit nur einem hellblauen Auge hinaus kam.

Von einer jener Situationen berichtete ich schon in meiner 2010 zum ersten Mal erschienenen und 2021 verfilmten Autobiographie „Ein Nasser Hund ist besser als ein trockener Jude". Eine Situation, die alles auf den Punkt bringt:

„In der Mensa saß uns täglich eine ungefähr gleich große Gruppe von Jugendlichen aus den Gangs von Schöneberg, Kreuzberg und Neukölln gegenüber, die sich kannten. Die Atmosphäre war angespannt. Jeden Tag gab es böse Blickwechsel zwischen diesen Südberlinern und uns Weddingern. Einige meiner Freunde und auch von den anderen Gangmitgliedern warteten nur darauf, ein falsches Wort zu hören oder einen anderen ‚legitimen' Anlass zum Losschlagen zu finden. Mehrere Wochen passierte nichts und man beließ es bei den bösen Blicken. Dann gab es einen Anlass.

Sahin und ich hatten eine Freistunde und gingen in die Mensa, um uns etwas zu essen zu kaufen. Die Mensa war menschenleer bis auf einige unserer Weddinger Freunde, die in einer Ecke saßen und quatschten. Wir gesellten uns zu ihnen. Ihr Gesprächsthema war wieder einmal ‚die Affen aus dem Süden', ‚unsere Feinde' in der Schule, ‚die sich wie Herrscher aufspielen'. ‚Was denken die, wer die sind, kommen zu uns in den Wedding und machen auch noch den Mund auf! Den frechen Mund werden wir ihnen schon stopfen', fauchte Fuat und Serdar stimmte ihm zu. ‚Wir sind Weddinger. Mit uns ist nicht zu spaßen. Das werden die schon früh genug zu spüren bekommen', rief Mehmet in die Runde und alle nickten ihm zu. Sahin und ich nickten zwar auch, amüsierten uns aber eher darüber, dass das mittlerweile das Thema Nummer eins geworden war. Bei jedem Zusammentreffen wurde über die andere Gruppe von Angebern hergezogen und es wurden Sprüche geklopft. Wie es der Zufall wollte, erschienen unsere Widersacher nun in der Mensa. Fast gleichzeitig gingen zwei Türen auf und mehrere von den Südberlinern kamen hereinstolziert. Es sah fast nach einem geplanten Angriff aus, weil sie von zwei Seiten kamen. Doch sie gingen an uns vorbei, ohne uns eines Blickes zu würdigen. Wahrscheinlich hatten sie festgestellt, dass wir in der Überzahl waren. Wir waren ungefähr zehn, sie waren zu sechst. Als die eine Gruppe an uns vorbeikam, rief einer davon einem seiner Freunde, der durch die andere Tür hereingekommen war, zu: ‚Berkan, du Jude, kannst du nicht warten?'

Das war der ersehnte Auslöser.

Fuat sprang auf, zog seine verchromte Magnum aus der Tasche und lief auf die Gruppe zu: ‚Hey, du Drecksack! Hast du Probleme mit Juden? Mein bester Freund ist Jude!' Die Jungs drehten sich um und sahen den Lauf von Fuats Pistole auf sich gerichtet. Für einen Moment sagten sie nichts ... So blieben sie alle klugerweise ruhig, bis auf einen, der sich traute den Mund zu öffnen: ‚Seid ihr denn keine Muslime? Wir sind Muslime, Palästinenser, Afghanen und Kurden und mögen deshalb keine Juden ...'" (Arye Sharuz Shalicar: Ein nasser Hund ist besser als ein trockener Jude, München 2010, S. 124–126)

Diese kurze Erzählung aus meinem Leben verrät um einiges mehr, als man beim ersten Lesen eventuell feststellen wird. Wenn man nämlich die Situation tiefgehender analysiert, dann lässt sich anhand dieser Episode nachvollziehen, wie integriert ich, ein Jude, in der muslimischen Szene des Wedding war. Darüber hinaus bringt die Reaktion der Südberliner den angelernten Hass gegenüber den Juden auf den Punkt, obwohl man keine Juden kennt, ähnlich wie bei meinem ehemaligen indischen Freund. Und es beweist, dass es Muslime gibt, die bereit sind, sich für ihre jüdischen Freunde, selbst mit gezogener Waffe, einzusetzen, weil sie herablassende Aussagen gegenüber Juden nicht auf sich beruhen lassen können.

Mein Leben als Jude unter Muslimen in Berlin war ein Leben zwischen Hass und Liebe. Ein Leben zwischen existenziellen Bedrohungen und dem Gefühl der Brüderlichkeit. Ein Leben wie ein Tauziehen zwischen Hoffnungslosigkeit und Hoffnung. Genau das macht auch der Staat Israel, umgeben von muslimischen Staaten, durch.

Mit muslimischen Freunden in Berlin

4 Ein anderer Iran

Manch einer mag sich bei „existenzieller Bedrohung“ die Stirn kratzen und der Meinung sein: Jetzt übertreibt er aber. Israel sei schließlich ein starker und selbstbewusster Staat. Israel sei laut allen möglichen Experten sogar die führende Macht im Nahen Osten.

Doch wer einen Blick in die Jahrtausende zurückreichende Geschichte des jüdischen Volkes wirft, der wird schnell feststellen können, dass das jüdische Volk als Kollektiv, mit oder ohne unabhängigem Staat, schon mehrmals in lebensbedrohliche Situationen geriet. Der letzte Höhepunkt fand vor ungefähr 80 Jahren statt, als sich die Mordmaschine der Nationalsozialisten zum Ziel setzte, die Juden auszurotten. Ein Höhepunkt, der dem jüdischen Volk und Staat gelehrt hat, dass es nie wieder hilflos einer existenziellen Bedrohung ausgeliefert sein darf.

Die Welt dreht sich weiter und Geschichte scheint sich in vielerlei Hinsicht zu wiederholen – jedes Mal jedoch in Form einer anderen Fratze. So geht die gegenwärtige existenzielle Bedrohung des jüdischen Kollektivs Israel von einem muslimischen Staat aus – der Islamischen Republik Iran. Dem Geburtsort meiner Eltern.

Die Islamische Revolution 1979 hat den relativ freien Iran meiner Eltern zur Zeit ihrer Kindheit in den 50er und 60er Jahren des vorigen Jahrhunderts, in die radikal-schiitische Hochburg der Welt verwandelt. Seit der Revolution, seit über vierzig Jahren, regieren im Iran auf äußerst unmenschliche Weise radikal-schiitische Mullahs, mit Hilfe der von Ajatollah Ruhollah Chomeini direkt im Anschluss an die Revolution ins Leben gerufenen Revolutionsgarden und anderen Organisationen und Institutionen, die damit beauftragt sind, das iranische Volk tagtäglich zu unterdrücken, um an der Macht zu bleiben. Das iranische Volk, zusammengewürfelt aus Dutzenden verschiedenen Völkern, lebt seit nunmehr zwei Generationen in einer Art offenem Gefängnis, in dem nur das gesagt und getan werden darf, was im Einklang mit den Ansichten des Diktators Ajatollah Ali Chamenei ist.

Die Parallelen zur Diktatur der Nationalsozialisten unter Hitler und deren Herangehensweise gegenüber Oppositionellen, freien Medien, Schwulen und anderen „Störenfrieden“ und „Nestbeschmutzern“ ist verblüffend. Auch hier übertreibe ich keinesfalls, denn auch beim Thema „jüdisches Kollektiv“ hat man offensichtlich im heutigen Teheran ähnliche Ziele wie im damaligen Berlin.

Während Hitler es in erster Linie auf die Ausrottung der Juden abgesehen hatte, hat die iranische Führung es heutzutage auf das jüdische Kollektiv Israel abgesehen. Sie macht daraus kein Geheimnis: Israel soll von der Erdoberfläche verschwinden, Israel soll von der Weltkarte ausradiert werden. Mit Gewalt.

Wenn das nicht das Streben nach einem Massenmord ist, was ist es dann? Wenn parallel zu diesen Drohungen nun auch ein nukleares Atomprogramm und die Entwicklung von präzisen und massiven Langstreckenraketen vorangetrieben wird – wie sollte Jerusalem in den Worten und Taten aus dem Iran etwas anderes sehen als eine eindeutige existenzielle Bedrohung?

Für mich ist es eine dreifache Tragödie. Zum einen, weil die Menschen im Iran täglich unter der Schreckensherrschaft der Mullahs leiden und das Leiden in absehbarer Zeit kein Ende nehmen wird. Zum anderen, weil das Verhalten der radikal-schiitischen Islamisten früher oder später auf einen verheerenden Krieg in der Region hinauslaufen könnte. Und zum dritten, weil meine

Eltern ihren Geburtsort höchstwahrscheinlich nie wieder betreten und zu Gesicht bekommen werden, geschweige denn ihn ihren Kindern zeigen können.

So schwierig die Lage mit dem Iran auch sein mag, ich bleibe optimistisch und hoffe, dass der Spuk eines Tages vorübergehen wird und der Iran wieder ein freies Land sein wird, wie er es war, als meine Eltern dort aufwuchsen. Der Iran war schließlich nicht immer so, wie er es heute ist. Es gab einmal einen anderen Iran, und zwar vor gar nicht allzu langer Zeit: den Iran vor der Islamischen Revolution 1979. Ein Iran, in dem es zwar wie überall auf der Welt auch Rassismus und Antisemitismus gab, die Menschen jedoch größtenteils miteinander befreundet waren, ohne dass die Religion jederzeit und überall im Vordergrund zu stehen hatte. Die Menschen wuchsen gemeinsam auf, spielten zusammen auf dem Fußballplatz, saßen in der Schule nebeneinander – und das alles, ohne dass es von zentraler Bedeutung war, ob man neben der iranischen eine weitere Identität mit sich führte. Denn nur ungefähr jeder zweite Iraner war Perser, alle anderen hingegen hatten einen nichtpersischen Hintergrund. Davon gab und gibt es nach wie vor Dutzende. Zu den größten nichtpersischen Volksgruppen im Iran zählen mehrere Turkvölker wie die Aseris und Turkmenen, hinzu kommen die Araber im Süden das Landes, Kurden und Bachtiaren im Westen und Belutschen im Südosten. Hinzu kommen überschaubarere Gemeinden von Christen, Juden, Bahais und Zoroastriern, die in der Regel in den Großstädten ansässig sind.

Meine Mutter wuchs im Teheran der 60er Jahre auf. Alle ihre Freundinnen waren muslimische Mädchen. Ohne Ausnahme. Nicht ein einziges Mal kam es aufgrund der jüdischen Identität meiner Mutter zu unangenehmen Situationen zwischen ihr und ihren Freundinnen. Es war einfach kein Thema bei den Großstadtmädchen, wer an was glaubte oder welchen Feiertag hielt. Sie waren befreundet, weil sie sich mochten. So sollte es doch auch sein, in einer normalen Welt.

Genau so war es doch auch zwischen mir und vielen meiner Freunde in Berlin. Für mich spielte doch auch keine Rolle, ob die Eltern meiner Freunde Venezolaner oder Türken, gläubige Hindus oder Christen waren. Warum sollte eine Freundschaft davon abhängig gemacht werden, ob man der „richtigen" religiösen oder ethnischen Gruppe angehört?

Das wirklich Erstaunliche ist, dass nicht nur meine Mutter, sondern auch meine Onkel und Tanten, die heute in Israel und Los Angeles leben und mit denen ich mich bei jeder sich bietenden Gelegenheit über den anderen Iran von vor der Islamischen Revolution unterhalte, ähnliche Geschichten erzählen. Sie alle wuchsen in der Hauptstadt Teheran auf und sie alle erzählen, dass es eigentlich kaum etwas zu erzählen gebe, denn sie alle waren befreundet mit muslimischen Nachbarn und Schulkameradinnen. Es war absolut nichts Außer- oder Ungewöhnliches. Alle sprachen schließlich Persisch, trugen iranische Namen und wohnten in derselben Nachbarschaft. Auch äußerlich waren sie in nichts zu unterscheiden. Eine Freundschaft zwischen Muslimen und Nichtmuslimen war somit keine Ausnahme, sondern die Regel.

Interessanterweise war der Iran vor der Revolution der engste Verbündete des jüdischen Staates in der Region. Israel befand sich in den ersten Jahrzehnten nach seiner Wiedergeburt 1948 mit der gesamten arabischen Region im Kriegszustand. Die Iraner, die die Araber noch nie als wirkliche Freunde und Verbündete wahrgenommen haben, sondern im Gegenteil auf die „auf Kamelen in der Wüste reitenden kulturlosen Beduinen" schon immer äußerst herablassend hinunterblickten, betrachteten den jüdischen Staat auf Augenhöhe. Der andere Iran war somit der beste Freund Israels.

Wenn man jedoch den Iran von heute beobachtet, dann kann man sich beim besten Willen nicht mehr vorstellen, dass einmal nicht Hass und antisemitische Rhetorik dort regiert haben. Es fällt schwer, daran zu glauben, dass es jene positiven Zeiten zwischen Juden und Muslimen, zwischen Israel und dem Iran, sowohl auf dem Mikro- als auch auf dem Makrolevel tatsächlich gegeben hat. Wer weiß, vielleicht würde auch ich meine Zweifel am Wahrheitsgehalt der jüdisch-muslimischen Freundschaft im Iran und einer positiven Beziehung zwischen dem iranischen und dem jüdischen Staat haben, würde ich die Geschichten nicht von meinen engsten Familienangehörigen selbst zu hören bekommen. Nichts ist schließlich authentischer als Berichte von Augenzeugen. Menschen, die vor Ort waren, die den anderen Iran gesehen, gerochen, gefühlt haben.

Leider war die Situation in kleineren Städten und abgelegeneren Ortschaften und Regionen anders. Denn dort herrschte schon vor der islamischen Revolution latenter Antisemitismus und Juden lebten eine Art Parallelleben, am Rande der muslimischen Gesellschaft, im besten Fall als geduldete Nachbarn. So erging es meinem Vater, der in der Kleinstadt Bābol am Kaspischen Meer als jüdischer Jugendlicher aufwuchs. Seine Erinnerungen sind geprägt von antisemitischen Zwischenfällen. Nicht vergleichbar mit den Erzählungen meiner Familie aus Teheran.

Wieder lässt sich feststellen, dass die Medaille zwei Seiten hat. Die eine Seite, auf der Juden verhöhnt, bedroht und verfolgt werden, und die andere, auf der Juden und Muslime Seite an Seite in Freundschaft zusammenleben. So war es in meinem Fall in Berlin. So war es im Falle meiner Eltern im Iran. Liebe und Hass, nah beieinander.

Meine Mutter (Dritte von links) mit muslimischen Freundinnen im Iran

5 Im Kibbutz, im Kindergarten, selbst in der IDF

2001 begann mein neues Leben in Israel. Ich hatte kaum eine Ahnung, auf was ich mich eigentlich eingelassen hatte, als ich mich in den Abendstunden des 4. März am Flughafen Ben Gurion in ein Taxi setzte und den Fahrer bat, mich an meinen neuen Wohnort, Kibbutz Magan Michael, zu fahren.

Ich war 23 Jahre alt, ohne Ausbildung, ohne Universitätsabschluss, ohne Geld, ohne Eltern, Geschwister oder Freunde und mit dem Hebräischverständnis eines Kindergartenkindes. Stattdessen hatte ich einen ganzen Brocken tiefsitzenden Frust mit mir nach Israel mitgebracht. Frust, dass ich trotz allem, was ich in den Jahren meiner Jugendzeit getan hatte, um mich komplett in die muslimische Gesellschaft des Wedding zu integrieren, im Endeffekt für manch einen nur „ein Jude" war. Je älter ich wurde, desto mehr tat es weh. Selbst meine muslimischen Freunde konnten meine Stimmung irgendwann nicht mehr aufhellen, weil ich wusste, dass es für meine Kinder eines Tages, falls ich in Berlin blieb, nicht einfacher sein würde.

Mein Abgang aus Berlin und meine Einwanderung nach Israel waren für mich ein großer Schritt in die Freiheit. So verrückt es klingen mag, war Israel für mich der Ort, an dem ich als Jude frei leben konnte und wollte, und dass, obwohl sich im Jahr 2001 fast täglich palästinensische Terroristen in die Luft sprengten, um Juden zu ermorden.

Es war die Zeit der Zweiten Intifada. Terror. Wieder. Doch für mich war es der Ort auf Erden, an dem ich meine jüdische Identität nicht verheimlichen musste. Weniger Sorgen haben musste, wem ich über den Weg lief und ob er mich vielleicht beleidigen würde. Weniger Angst haben musste, in der Nacht der falschen Gruppe von Jugendlichen zu begegnen, um dann um mein Leben kämpfen zu müssen. Nicht, weil ich ihnen irgendetwas getan hätte. Nein, nur weil ich Jude bin.

Rückblickend steht für mich fest, dass ich mich in den Jahren der Zweiten Intifada trotz allem sicherer in Israel gefühlt habe, weil ich zum ersten Mal in meinem Leben nicht der einzige Jude war und zwischen allen Stühlen saß, sondern plötzlich Teil der Mehrheitsgesellschaft war. Nicht nur das: Ich fühlte mich in relativer Sicherheit, weil der Soldat, der Polizist und der Sicherheitsbeamte am Eingang zum Einkaufszentrum auch Juden waren. Ich wusste, ich konnte mich im Notfall an jemanden wenden und um Hilfe bitten, und er würde sich höchstwahrscheinlich für mich einsetzen. Ein Sache, die mir in Deutschland gefehlt hatte.

An wen hätte ich mich denn damals wenden können, als muslimische Jugendliche mir das Leben schwer machten? An die Polizei? Die interessierte sich nicht für schwarzhaarige Weddinger. An meine Lehrer? Die schienen alle überfordert zu sein und gaben mir auch nie das Gefühl, dass sie sich besonders für mich interessierten. An die jüdische Gemeinde? Denen war ich egal. Ich bin nicht mit ihnen und unter ihnen aufgewachsen, wieso sollten sie sich also für einen persischsprachigen Weddinger einsetzen?

Doch es gab einige Menschen, an die ich mich schon damals wenden konnte, auf die ich zählen konnte und die sich immer an meine Seite stellten: meine muslimischen Freunde! Dank ihnen hatte ich auch keinen antimuslimischen Hass in mir, sondern „nur“ sehr viel Frust. Dank ihnen verallgemeinerte ich nie und wusste auch vom ersten Tag in Israel an, dass bei Weitem nicht jeder Muslim ein Terrorist ist, dessen Ziel es ist, sich mit möglichst vielen Juden in die Luft zu sprengen. Ich war davon überzeugt, dass sehr viele Muslime sich selbst von ihren Glaubensbrüdern und manchmal auch Glaubensschwestern terrorisiert fühlten und sich nichts sehnlicher wünschten als ein Leben in Frieden – Seite an Seite mit ihren jüdischen und christlichen Nachbarn. Ich wusste das. Ich hatte absolut keinen Zweifel daran.

Umso glücklicher war ich dann, als ich mich schon nach wenigen Monaten in Israel mit einem muslimischen Araber anfreundete. Ahmed (geänderter Name) kam jeden Morgen aus einem nahegelegenen Nachbardorf in den Kibbutz, um als Küchenchef im Kibbutz-Essenssaal zu arbeiten. Hier muss ich kurz erklären, für all diejenigen, die noch nie die Freude hatten, ein Kibbutz besuchen zu dürfen, dass der Essenssaal der zentrale Treffpunkt eines jeden Kibbutz ist. Morgens traf man sich vor der Arbeit zum Frühstücken – im Essenssaal. Mittagspause und Mittagessen fanden natürlich auch im Essenssaal statt. Dann sah man sich zum Abendessen wieder – im Essenssaal. Auch zum Shabbat-Dinner und an Feiertagen traf man sich – im Essenssaal. Als Küchenchef hatte Ahmed somit eine ziemlich zentrale Position im Kibbutz, alle kannten und grüßten ihn immer freundlich.

Wir mochten uns auf Anhieb. Man könnte sagen: Freundschaft auf dem ersten Blick. Ahmed strahlte wahrscheinlich etwas aus, was mich an meine Weddinger Freunde erinnerte, die ich sehr vermisste. Ich wiederum schien ihm zu gefallen, da ich ihn mit dem ersten Lächeln in mein Herz geschlossen hatte und daraus kein Geheimnis machte. Ahmed war verantwortlich für Dutzende Mitarbeiter, aber längere Gespräch führte er nur mit wenigen – ich war einer von ihnen.

Am Höhepunkt der Zweiten Intifada war eines unserer Hauptthemen – neben Gemüse und Obst – der Terror. Gefühlt verging kein einziger Tag, an dem wir nicht gezwungen wurden, uns auch über die aktuelle Situation zu unterhalten. Gezwungen, weil jeden Tag etwas passierte, was dann die Nachrichten hoch und runter ging; alle sprachen darüber und deshalb unterhielten auch wird uns darüber.

Viele Israelis waren verständlicherweise verängstigt. Es waren harte Zeiten. Niemand wusste, wann und wo die nächste Bombe hochgehen würde. Täglich ging es um Leben und Tod. Man musste sich gut überlegen, ob man das Risiko einging, einen Bus zu nehmen, sich in ein Restaurant zu setzen oder einfach nur in einer Innenstadt spazieren zu gehen. Die nächste Bombe konnte überall explodieren. Es waren auch Zeiten der Entfremdung zwischen Juden und Muslimen. Wer hatte schon Interesse, sich mit Muslimen zu unterhalten, während Terror den Alltag beherrscht?

Ich hatte Glück, dass ich Ahmed als Gesprächspartner hatte, und das täglich, in der Küche des Kibbutz. Er verfluchte die Terroristen nicht weniger als jüdische Mitarbeiter es taten. Ahmed tat das nicht, um irgendjemandem zu gefallen. Man sah ihm an, dass seine Verurteilung der Anschläge wirklich aus tiefstem Herzen kam. Der Terror war ihm auch deshalb unangenehm, weil er sich als Muslim immer wieder in Erklärungsnot befand und uns allen sagte, dass die Terroristen verblendete Versager seien, die von radikalen Islamisten aufgestachelt wurden und nicht im Entferntesten ihn oder seine Religion repräsentierten. Es tat gut zu wissen, dass Ahmed nicht alleine war mit seiner Haltung. Wir wussten, irgendwann würde der Terror nicht mehr den Alltag und die Gespräche beherrschen, doch wir würden weiterhin gemeinsam in diesem Land leben müssen. Warum also nicht das Beste daraus machen?

Mit meinem Eintritt in die israelischen Verteidigungsstreitkräfte Anfang 2002 ging mein Kibbutzaufenthalt zu Ende. Mein Hauptwohnsitz war ab sofort ein Zelt. Zumindest für die erste Zeit. Ich ging davon aus, dass die Israeli Defense Forces (IDF) der letzte Ort der Welt wären, wo mir arabische Israelis über den Weg laufen, geschweige denn neben mir auf dem Schießplatz liegen und auf Ziele schießen würden. Mir war bekannt, dass arabische Israelis, ob christlichen oder muslimischen Glaubens, von der Wehrpflicht ausgenommen waren. Ich dachte, ich würde einer rein jüdischen Armee beitreten, in der alle um mich herum Jossi, Aaron und Yael heißen würden.

Wieder einmal belehrte mich die Realität eines Besseren. Zu meinem Erstaunen gab es nämlich kaum eine Militärkaserne oder Armeeeinheit, mit der ich während meines Armeedienstes in Kontakt geriet, in der ich nicht arabischsprachigen Soldaten begegnete. Die Drusen, eine arabischsprachige Minderheit, die sich seit dem Unabhängigkeitskrieg 1948 auf die Seite Israels gestellt hatten, waren vom Wehrdienst nicht befreit, und deshalb war es weder eine Ausnahme noch eine Überraschung, dass Drusen Seite an Seite mit jüdischen Soldaten dienten. Für viele Drusen und Juden war der gemeinsame Wehrdienst das erste Mal in ihrem 18-jährigen Leben, dass sie die Möglichkeit bekamen, miteinander ins Gespräch zu kommen. Ihnen blieb keine andere Wahl. Neben den Drusen gibt es in Israel auch eine große muslimisch-arabische Gemeinde und eine kleine christlich-arabische Gemeinde, die insgesamt etwas über 20 Prozent der Bevölkerung Israels ausmachen, also knapp zwei Millionen Menschen, die von der Wehrpflicht ausgenommen sind.

Wer jemals in einer Armee gedient hat, weiß, dass man in seiner eigenen Einheit nicht darum herumkommt, mit jedem, absolut jedem seiner Kameraden in engem Kontakt zu stehen. Man teilt sich wirklich alles. Es spielt dabei keine Rolle, ob man ein in Israel geborener Jude, ein Druse oder ein aus Deutschland stammender persisch-jüdischer Einwanderer ist. Man trägt dieselbe Uniform, schießt mit derselben Waffe und schläft nebeneinander im Zelt. Eine rührende und vielsagende Situation, die ich mitbekommen habe, bringt es auf den Punkt.

Nicht selten dienen jüdische und nichtjüdische, religiöse und nichtreligiöse, politisch rechts und links eingestellte Israelis in einer Einheit. Viele von ihnen hatten, wie oben geschildert, vorher keine Berührungspunkte miteinander. Ein links eingestellter nichtreligiöser Druse aus einem drusischen Dorf im Norden des Landes und ein rechts eingestellter nationalreligiöser Jude aus einer jüdischen Stadt im Süden des Landes haben einfach keine Gelegenheit, sich kennenzulernen, weil jeder in seiner eigenen Community unterwegs ist. Man hat dem anderen gegenüber auch Vorurteile. Vorurteile, die sich breit machen, wenn man sich nicht kennt. Doch plötzlich dient man Seite an Seite und wird zu besten Freunden. Genau das habe ich gesehen, als ein links eingestellter nichtreligiöser drusischer Kamerad und ein rechts eingestellter nationalreligiöser Kamerad gemeinsam durch dick und dünn gingen. Sie traten beide mit tiefsitzenden Vorurteilen dem anderen gegenüber den Wehrdienst an, doch sehr schnell mussten sie bestimmte Herausforderungen gemeinsam angehen und aus anfänglicher Scheu, Ablehnung, eventuell sogar Hass wurde in kurzer Zeit Vertrauen, Brüderlichkeit und Liebe. Sie freundeten sich so eng miteinander an, dass sie sogar gegenseitig ihre Wäsche mit nach Hause nahmen und wuschen, wenn einer von ihnen über das Wochenende in der Armee bleiben musste.

Das sind Freundschaften fürs Leben. Nichts schweißt enger zusammen, als jahrelang gemeinsam in einer Armeeeinheit zu dienen und in Kriegssituationen, die in Israel leider keine Ausnahme sind, Schulter an Schulter zu kämpfen und aufeinander Acht zu geben.

Doch viele Muslime, die sich freiwillig zum Dienst in der IDF melden und denen ich während meiner zehnjährigen Militärlaufbahn begegnet bin, bezahlen einen sehr hohen persönlichen Preis für ihre Entscheidung. Sie und auch ihre Familienangehörigen werden teilweise bespuckt, schikaniert und bedroht. Nicht von Juden. Von anderen Muslimen! Manche, die sich für diesen Weg entschieden haben, können selbst ihren Eltern nicht davon erzählen, dass sie tagsüber Soldaten der IDF sind. Wie im Falle von Ella.

Ella ist eine arabisch-muslimische Israelin aus der Stadt Qalansuwa. In ihrer Geburtsstadt leben, bis auf ganz wenige Ausnahmen, keine Juden. Sie ist in einem rein arabisch-muslimischen Umfeld groß geworden. Juden kannte sie nicht. Das muss man sich mal vorstellen: in einem Staat aufzuwachsen, Teil einer Minderheit zu sein und bis zum 18. Lebensjahr absolut nichts mit der Mehrheitsgesellschaft zu tun zu haben. Nicht, dass es das in bestimmten Gegenden in Deutschland nicht auch geben würde, Wedding allen voran, aber selbst im letzten Kiez Deutschlands ist zumindest der Schulstoff auf Deutsch und es gelten deutsche Gesetze. In vielen arabisch-israelischen Ortschaften wie Qalansuwa herrschen jedoch eher arabisch-muslimische Sitten, Bräuche und Normen und der Unterricht wird in erster Linie auf Arabisch geführt.

Eine Art Staat im Staat, könnte man behaupten, mit wenigen Berührungspunkten zwischen den Gesellschaftsgruppen. Das ist einerseits sehr problematisch, weil man sich nicht kennt und sich auf diese Weise Vorurteile schneller breit machen können. Andererseits bleibt jede Gesellschaftsgruppe lieber unter sich, nach dem Motto: Leben und leben lassen.

Doch Ella, von Hause aus mit starkem arabischen Nationalismus und dem Glauben an den Islam aufgezogen, hat irgendwann im Laufe ihrer Jahre als Teenagerin festgestellt, dass sie sich zu Frauen hingezogen fühlt. Ein absolutes No-Go in der arabisch-muslimischen Gesellschaft. Das wusste Ella natürlich und musste ihre Gefühle verstecken. Zumindest in Qalansuwa. In Tel Aviv musste sie das nicht, und so fing sie an, sich öfter in der jüdischen Mittelmeermetropole aufzuhalten, wo sie in Clubs gehen konnte, in denen Männer mit Männern und Frauen mit Frauen flirten konnten, ohne dafür bestraft oder verbannt zu werden.

Ella war all das in einer Person: Muslima, Araberin, Lesbe und Israelin – eine Achterbahn an verschiedenen, scheinbar gegensätzlichen Identitäten. Die Freiheit in Tel Aviv gefiel ihr. Sie fand schnell Freunde und Freundinnen. Jüdische Freunde und Freundinnen, die kurz vor ihrem Wehrdienstantritt standen und sich darauf freuten.

Das gab Ella zu denken. Warum, fragte sie sich, bestehen arabische Israelis eigentlich auf den gleichen Rechte wie die jüdische Mehrheit, sind jedoch nicht immer bereit, die gleichen Pflichten zu erfüllen? Konkret: Wieso sind arabische Israelis vom Wehrdienst befreit? So würde die arabische Minderheit sich doch nie vollständig integrieren können und sich mit dem Staatsnamen Israel auch nicht abfinden.

Gesagt, getan. Ella meldete sich bei der IDF und befand sich schon sehr bald im Aufnahmeprozess. Ein Prozess, der nicht ganz so einfach abläuft wie bei jüdischen

Mitbürgern, die schon im Alter von 16, noch während sie in der elften Klasse sind, einen Musterungsprozess beginnen.

Als Ella als junge Soldatin in meine Einheit kam, hatte ich bereits mehrere arabischsprachige Soldaten in der IDF angetroffen. Ich hatte mittlerweile schon sehr gute Erfahrungen mit Drusen, Beduinen und christlichen Arabern gemacht. Ella war jedoch anders. Sie war die erste weibliche arabischsprachige Soldatin, die in meinem näheren Umfeld gedient hat. Sie war auch die erste arabische Muslima – manch einer würde so weit gehen und sie als „Palästinenserin" bezeichnen –, mit der ich täglichen Blickkontakt in der IDF hatte. Und sie war auch die erste lesbische Araberin, mit der ich ein beruflich zu tun hatte. Also sehr vieles, was ich vorher nicht kannte. Sehr vieles, was mich überraschte. Eine vollkommen neue Welt öffnete sich mir und es faszinierte mich, mit ihr zu sprechen und ihre Sicht auf das Leben in Israel und die IDF zu erfahren. Oft konnte ich nachvollziehen, wie sie sich als Teil einer Minderheit in Israel fühlten, weil auch ich einmal ein Teil einer Minderheit in Deutschland gewesen war. So wie viele meiner muslimischen Freunde sich in der deutschen Mehrheitsgesellschaft wahrnahmen, so nahm auch Ella sich in der jüdischen Mehrheitsgesellschaft wahr. Ein Gefühl der zweiten Klasse. Ein Gefühl, dass man Außenseiter sei und nicht dieselben Chancen habe wie die anderen. Ein Gefühl, dass man herablassend angeguckt wird.

Sie wollte genau das ändern, indem sie den Schritt auf die „andere Seite", in die Mehrheitsgesellschaft wagte, und sie wusste, dass der beste Weg dorthin der Dienst in der IDF sein würde. Sehr schnell gefiel Ella ihr neuer Lebensabschnitt. Sie gewann innerhalb kürzester Zeit sehr viele Freunde und Freundinnen, größtenteils Juden und Jüdinnen und war eine der beliebtesten

Soldatinnen der Einheit. Es wunderte mich deshalb überhaupt nicht, als sie sich unter den Auserkorenen ihres Jahrganges befand, die für den Offizierskurs vorgeschlagen wurden. Von vielen Dutzend Soldaten und Soldatinnen ihres Jahrganges in unserer Einheit wurden nur zwei Handvoll empfohlen und sie war eine davon. Ella war die erste muslimisch-arabische Soldatin der IDF, die den sechsmonatigen Offizierskurs der israelischen Verteidigungsstreitkräfte erfolgreich abschloss. Und ich muss zugeben, ich war mächtig stolz darauf, dass wir befreundet waren. Ella wurde für Araber in Israel, die für Koexistenz und Integration sind, zum Vorbild. Doch für die judenfeindlichen Araber in Israel wurde sie zum Hassobjekt und sogar zu einer Zielscheibe.

Worüber Ella nämlich nie viele Worte verlor, war, wie gefährlich sie und ihre engsten Familienangehörigen eigentlich lebten, seit sie in der IDF diente. Mir wurde das erst bewusst, als ich sie eines Morgens auf dem Weg zur Einheit auf der Straße antraf und sie in ziviler Kleidung war. Meine spontane Reaktion war, sie zu fragen, ob sie im Urlaub sei, woraufhin sie lächelte und verneinte. Sie erklärte mir, dass sie sich in Qalansuwa nicht in Uniform blicken lassen könne, um sich und ihre Familie nicht in Gefahr zu bringen. So sei sie gezwungen, jeden Morgen die Uniform in den Rucksack zu quetschen und in Zivil aus dem Haus zu gehen. In der Einheit angekommen, würde sie sich dann umziehen und den Tag über in Uniform sein. Doch zum Dienstende gegen Abend müsse sie sich jeden Tag ein weiteres Mal umziehen, um in Zivil nach Hause zu fahren. Niemand bis auf ihre engsten Familienangehörigen wusste, dass sie seit Jahren in der IDF diente. Ihr älterer Bruder brach sogar den Kontakt zu ihr ab, weil er nicht mit ihrem Weg einverstanden war.

Doch Ella blieb hartnäckig! Sie glaubte felsenfest daran, im Recht zu sein. Sie ging davon aus, dass auch ihr Bruder es eines Tages verstehen würde und ihre Eltern früher oder später stolz darauf sein würden, dass ihre Tochter eine Offizierin der IDF ist. Ella lag in allem richtig. Ihr Bruder ist mittlerweile ihr größter Fan und ihre Eltern sind mehr als stolz auf sie. Trotz oder gerade wegen allem. Denn Ella hat sich in den letzten Jahren nicht nur als IDF-Offizierin, sondern sogar als offizielle Sprecherin der IDF auf arabischer Sprache insbesondere in den sozialen Netzwerken „geoutet". Das hat sich natürlich auch in Qalansuwa rumgesprochen, in der Nachbarschaft ihrer Eltern, die seitdem von bestimmten Menschen bedroht werden. Ein trauriger Tiefpunkt war, als die Polizei Überwachungskameras rund um ihr Haus installierte und den Eltern mitteilte, dass die Bedrohungslage ernst zu nehmen sei und sie ab sofort vermehrt Polizeipatrouillen um das Haus fahren müssten, um für ihre Sicherheit zu sorgen. Doch auch das schreckte Ella nicht ab, denn sie will eines Tages in die hohe Politik, um für ein besseres Zusammenleben zwischen den Gesellschaftsgruppen einzutreten.

Eine Medaille hat zwei verschiedene Seiten. Wenn man eine Seite der Medaille betrachtet, dann sieht man die andere Seite nicht. In menschlichen Beziehungen ist es genauso – oft liegen Hass und Liebe sehr nah beieinander und es ist situationsabhängig, was zum Vorschein tritt bzw. was wir wahrnehmen.

So ungefähr verstehe ich auch die Beziehungen zwischen Juden und Muslimen in Israel und darüber hinaus. Es liegt an uns, was wir sehen wollen und worauf wir den Fokus legen. Die eine Seite der Medaille ist manchmal genau das Gegenteil der anderen Seite und wir dürfen unter keinen Umständen Parallelen ziehen.

Doch das ist einfacher gesagt als getan, wenn es um das Kostbarste geht, was man im Leben besitzt: die eigenen Kinder. Meine Tochter Michelle erblickte 2014 in Jerusalem das Licht der Welt und besuchte schon ab ihrem vierten Lebensmonat einen Kindergarten in der Kleinstadt Mewasseret Zion nahe Jerusalem, wo wir damals wohnten. Es war ein Kindergarten mit vier Gruppen. Jede Gruppe bestand aus ungefähr 30 Kinder und jeweils mehreren Kindergärtnerinnen. Die Hauptkindergärtnerin meiner Michelle war Fatima (Name geändert), eine kopftuchtragende Araberin aus einem nahegelegenen arabischen Dorf. Von dem gesamten, mehr als zehnköpfigen Kindergärtnerinnenteam war sie die einzige Frau, die ein Kopftuch trug, und dann auch noch ein schwarzes, was eventuell als ein Zeichen für eine radikalere islamische Weltanschauung gedeutet werden könnte. Fragen konnte ich sie natürlich nicht, und so blieb mir keine andere Wahl, als ihr Michelle anzuvertrauen und zu hoffen, dass es nicht zu unangenehmen Zwischenfällen kommen würde.

Aus meiner Erfahrung bei der Armee wusste ich, dass es nicht selten zu Situationen kam, in denen sonst noch nie negativ aufgefallene muslimische Mitbürger und Mitbürgerinnen plötzlich ein Messer in die Hand nehmen und ein Attentat ausüben, als Racheakt für etwas, was einem Familienmitglied widerfahren ist. Derartige Situationen sind in Israel leider keine Ausnahme und passieren vermehrt zu Zeiten von Terrorwellen. Eine derartige Terrorwelle gab es auch, als ich jeden Morgen in der Früh – und das auch noch in IDF-Uniform – meine kleine Michelle in den Kindergarten brachte und Fatima sie mit einem großen und freundlichen Lächeln entgegennahm. Fatima schien Michelle sehr zu mögen und Michelle war voll auf sie fixiert. In einer normalen Realität könnte man sich als junges Elternpaar nichts Besseres wünschen, aber die Realität Israels, besonders wenn es vermehrt zu Terroranschlägen kommt, ist alles andere als normal. So hatte ich leider auch negative Hintergedanken, jeden Morgen, als ich Fatima das Wertvollste, das ich in meinem Leben besaß, übergab. Hin und wieder fragten wir Eltern uns, ob wir Michelle sicherheitshalber doch zu Hause lassen sollten, doch jedes Mal entschieden wir uns am Ende dafür, sie in den Kindergarten zu bringen und Fatima zu vertrauen.

Fatima war genau die andere Seite der Medaille.

Während muslimische Terroristen Juden in Israel ermordeten, kümmerte Fatima sich wirklich rührend um meine kleine Michelle. Als ob Michelle ihre eigene Tochter wäre. Ich konnte es in den Augen von Fatima und Michelle zugleich sehen, jedes Mal, wenn ich die Gelegenheit hatte, Michelle vom Kindergarten abzuholen. An Tagen, an denen Fatima aus gesundheitlichen oder religiösen Gründen nicht zur Arbeit kam, war nicht nur Michelle traurig, sondern die gesamte Familie Shalicar.

Meine Tochter Michelle mit ihrer Kindergärtnerin

Die muslimisch-arabische IDF-Offizierin Ella

6 Eine neue Realität

Für die Deutschen im Nachkriegsdeutschland war das Wort „Krieg“ bis vor wenigen Monaten, als Russland in die Ukraine einmarschierte, beinahe ein Fremdwort. Obwohl es auch in Europa seit 1945 viele Konflikte gab, und obwohl Deutschland selbst an militärischen Einsätzen weltweit beteiligt war, etwa in Afghanistan und Mali, denkt man in Deutschland bei dem Wort „Krieg“ vor allem an zwei Dinge: zum einen an den Zweiten Weltkrieg, zum anderen an den „Nahostkonflikt“. Das eine ist mit den anderen verbunden, ein eindeutiger Faden spannt sich zwischen dem Tiefpunkt der deutschen Vergangenheit und dem sich fast direkt im Anschluss daran entfalteten Existenzkampf der Juden in der muslimisch geprägten Region des Nahen Ostens.

Viele Deutsche scheinen schon vergessen zu haben, dass es auch im Nachkriegseuropa immer wieder zu kriegerischen Handlungen und terroristischen Zwischenfällen kam. Mitte der 90er Jahre befand sich das ehemalige Jugoslawien im Krieg, kurz darauf bekriegten die Serben und die Kosovaren sich, und dass es in Zypern zwischenzeitlich ruhig geblieben ist, hat nichts zu bedeuten, denn ein falscher Schritt der Griechen genügt, und die türkische Armee könnte es wagen, ganz Zypern einzunehmen. In einer geopolitischen Realität, in der bestimmte Länder sich nach wie vor trauen, andere Länder einfach so anzugreifen, ohne Angst vor Konsequenzen von Seiten der internationalen Gemeinschaft zu haben, ist nichts unvorstellbar. Auch Terror hat im Herzen Europas immer wieder zugeschlagen. Mal im Rahmen eines lokalen Konfliktes, wie in Nordirland oder dem Baskenland, in jüngerer Vergangenheit jedoch eher von Seiten radikalislamischer Attentäter, die in London, Paris und am Berliner Breitscheidplatz zugeschlagen haben.

Mit Krieg und Terror, auch wenn hin und wieder auf europäischem Boden ausgetragen, identifizieren viele Deutsche in erster Linie den Nahen Osten. Im Nahen Osten kennen Deutsche sich in der Regel jedoch nicht besonders gut aus, zumindest wenn es um den Irak, Jemen oder den Libanon geht. Man hat keine überzeugte Haltung und Einstellung zum Geschehen in anderen Teilen des Nahen Ostens, doch zum „Nahostkonflikt", den man in Deutschland vereinfachend als Krieg zwischen den Juden und den Palästinensern versteht, hat fast jeder und jede Deutsche eine klare Meinung. Eine Meinung, die oftmals nicht auf Fakten, sondern auf Emotionen beruht. Auch das natürlich Teil des Fadens zur eigenen Vergangenheit.

So lässt sich feststellen, dass es viele Deutsche emotional mitnimmt, wenn es wieder einmal zu einem offenen Schlagabtausch zwischen Israel und den Palästinensern kommt. Die Empörung in den Netzwerken ist immer ziemlich groß und sehr viele Menschen geben ihren Kommentar ab. Das selbe Ausmaß an Anteilnahme und Empörung lässt sich jedoch nicht feststellen, wenn täglich Menschen im Jemen, in Afghanistan, dem Sudan oder Syrien ermordet werden. Man fühlt keinen Bezug dorthin, wieso sollte es einen also beschäftigen? Es beschäftigt selbst kaum jemanden, wenn Palästinenser innerhalb des Gazastreifens andere Palästinenser wegen ideologischen Konflikten ermorden. So lange keine Juden bzw. Israelis involviert sind, interessiert es kaum jemanden in Deutschland, weil es keinen persönlichen Bezug gibt. So wird in Sachen „Nahostkonflikt" oftmals mit zweierlei Maß gemessen, aus Unkenntnis, Desinteresse und wegen der eigenen Vergangenheit.

Ein allseits bekanntes Propagandabild der Palästinenser, in der ein palästinensischer Junge sich vor einen israelischen Panzer stellt, bringt eine weit verbreitete deutsche Sichtweise auf den Punkt: Rollentausch. Der kleine, unterlegene David hat sich in eine hochmoderne Kampfmaschine verwandelt, während Goliath nicht mehr der überlegene Bösewicht ist, sondern ein unschuldiges, hilfloses und staatenloses Kleinkind, mit dem man sich identifiziert. Alles andere sind Randerscheinungen und sollten dieses Hauptnarrativ nicht stören. In manchen Kreisen geht man sogar so weit, dass man Terror gegen Juden und Israel versteht, toleriert und fördert.

Dabei wünscht man sich in Deutschland doch nichts anderes, als dass der Nahe Osten endlich zur Ruhe kommt. Man wünscht sich Frieden zwischen Israel und den Palästinensern. Kaum jemand wünscht sich Frieden zwischen Nord- und Südkorea, Ägypten und Äthiopien oder Türkei und Griechenland. Kaum jemand interessiert sich wirklich dafür, welche religiösen und ethnischen Gruppierungen sich im Irak und in Syrien täglich bekämpfen. Den allerwenigsten sind selbst zentrale Terrororganisationen im Irak, wie Al Hasch asch Scha'bi, Asa'ib Ahl al-Haqq oder Kata'ib Hisbollah, ein Begriff. Das sind alles Konflikte und Organisationen, die einem nichts bedeuten.

Aber Israel und Palästina geht einem nahe. Sehr nahe sogar. So nah, dass jede Meldung aus dieser Region in etwa so aufgenommen wird, als sei man selbst involviert. Jedes Blutvergießen in diesem einen Konflikt, dem „Nahostkonflikt", geht einen etwas an. Man fragt sich nicht selten: Warum können Juden und Muslime, Israelis und Palästinenser, nicht einfach Seite an Seite in Frieden miteinander leben? Deutsche und Franzosen haben das doch auch hinbekommen, oder etwa nicht?

Man vergisst bei diesem Vergleich, dass es vorher zum totalen Krieg zwischen den Seiten kam und man sich erst nach dem Sieg über Nazideutschland wieder näherkommen konnte. Wie jedoch sollte eine ähnliche Situation zwischen den Israelis und Palästinensern zustande kommen? Sollte die eine oder andere Seite etwa komplett vernichtet oder besiegt werden? Es gibt keine einfachen Lösungen für diesen Konflikt. Gerade weil es frustrierend ist, sollten wir uns bemühen, das halbvolle Glass wahrzunehmen und den Fokus nicht nur auf die eine Seite der Medaille, die die Bilder eines endlosen Konfliktes widerspiegelt, legen, sondern die andere Seite der Medaille, die die Gemeinsamkeiten betont, offenlegen, die insbesondere in den letzten Jahren immer deutlicher in den Vordergrund rückt.

Zu meiner Freude haben mittlerweile sehr viele Muslime akzeptiert, dass Israel nicht ihr Feind ist und die Juden ihnen nichts Böses wollen. Viele Muslime wollen nicht mehr das „An-allem-sind-die-Juden-schuld"-Spiel ihrer Staatsoberhäupter, Prediger oder Nachbarn mitspielen. Immer mehr Muslime wollen nicht mehr als Marionetten benutzt werden und wehren sich dagegen. Sie zeigen sich mit vollem Namen und Gesicht, obwohl sie wissen, dass muslimische Extremisten sie beleidigen und bedrohen werden. Sie nehmen es in Kauf. Denn sie wissen, dass es absolut keinen Grund dafür gibt, dass Juden und Muslime Feinde sind. Im Gegenteil. Immer mehr Muslime akzeptieren mittlerweile, dass die Juden auf der Welt und der jüdische Staat Israel in ihrem eigenen Kampf gegen radikalislamische Unterdrücker ihre Verbündeten sind. Sunnitische Terroristen, allen voran der IS, und schiitische Terroristen, allen voran die iranischen Revolutionsgarden und die libanesische Hisbollah, stellen nicht nur eine Gefahr für die Juden und

Israel dar, sondern sind in erster Linie eine tagtägliche Bedrohung für die muslimische Weltgemeinschaft.

Das Blatt hat sich gewendet. Man könnte auch in diesem Fall von einer eindeutigen Zeitenwende sprechen. Leider eine in Deutschland kaum beachtete und wahrgenommene Zeitenwende. Man scheint, aus mir nicht ganz nachvollziehbaren Gründen, das Narrativ des Konfliktes aufrecht erhalten zu wollen.

Nichtdestotrotz kann es dem aufmerksamen Beobachter nicht entgangen sein, dass sich bei jeder aktuellen Auseinandersetzung zwischen Israel und der radikalislamischen Terrororganisation Hamas, bei jedem durch Radikalislamisten verübten Terroranschlag in Israel und nach jedem von radikalisierten Muslimen begangenem antisemitischen Zwischenfall in Europa, Muslime zu Wort melden und sich solidarisch mit den Juden und Israel zeigen. Muslime in den Vereinigten Arabischen Emiraten, in Kurdistan, in der iranischen Diaspora und in vielen Teilen Europas und den Vereinigten Staaten von Amerika setzen damit ein eindeutiges Zeichen für Freundschaft und Frieden zwischen Juden und Muslimen und gegen radikalen Islamismus, der große Teile der muslimischen Gesellschaft unterdrückt und terrorisiert.

Auch wenn es leider nur eine Frage der Zeit ist, bis sich Israel und radikalislamische Terroristen wieder beschießen werden oder radikalisierte Muslime Juden auf europäischer Straße angreifen, befinden wir uns heute in einer anderen Realität. Zum ersten Mal seit der Staatsgründung Israels 1948 scheinen große Teile der muslimischen Weltgemeinschaft gegenüber den Juden und Israel gespaltener Meinung zu sein. Die eine Seite besteht weiterhin darauf, dass Juden nicht besser als Hunde seien und überall auf der Welt verfolgt und bekämpft werden sollten, während die andere Seite sich immer lauter für Koexistenz und Frieden zwischen den Religionsgemeinschaften einsetzt.

7 Türken und Juden

Fangen wir dort an, wo alles anfing. Zumindest für mich. In Berlin.

Obwohl in Deutschland zur Welt gekommen, gehörte ich vom ersten Tag meines Lebens der Gruppe der Ausländer an. Ich war ein Ausländer, obwohl ich kein anderes Land kannte. In den letzten 40 Jahren fand eine Art Evolution der Bezeichnung für Menschen wie mich statt. Menschen, deren Eltern keine Deutsche sind. Aus Ausländern wurde irgendwann Migranten. Aus Migranten wurde wiederum Deutsch-Türken oder Deutsch-Iraner gemacht. Geläufiger scheint heutzutage die Bezeichnung „Deutsche mit Migrationshintergrund" zu sein. So oder so: Keine Bezeichnung, die einen in Deutschland geborenen und aufwachsenden Menschen auf Anhieb von der Mehrheitsgesellschaft unterscheidet, erweist dem Zusammenleben der verschiedenen Gesellschaftsgruppen einen guten Dienst.

Ich war mir dieser Unterscheidung während meiner Kindheit in Berlin-Spandau weniger bewusst. Eigentlich hat es überhaupt keine Rolle in meinem Alltag gespielt, weil ich so akzeptiert wurde, wie ich war. Alle wussten natürlich, dass meine Eltern aus dem Iran stammen, es hat aber niemanden gestört und es gab auch nie abfällige Bemerkungen. In der Schulklasse waren außer mir noch eine Handvoll Schüler und Schülerinnen, deren Eltern nicht in Deutschland geboren waren. Von 30 Klassenkameraden auf der Konkordia-Grundschule am Elsflether Weg waren die Mehrheit Deutsche, so wie man sich auf der Welt Deutsche vorstellen würde. Unter diesen 30 jungen Menschen befanden sich drei türkischsprachige, zwei serbokroatischsprachige Mitschüler und Mitschülerinnen – und ich.

Mit meinem Umzug in den Berliner Problembezirk Wedding stellte sich vieles in meinem Leben auf den Kopf. Eine Sache, die sich auf den ersten Blick veränderte, war das Straßenbild. Es war geprägt von schwarzhaarigen Menschen. Sie sahen größtenteils so aus wie ich. Die meisten sprachen Türkisch. Meine Eltern und ich, wir fühlten uns wohl. Für meine Eltern war es eine angenehmere Situation, da plötzlich fast alle Nachbarn auch gebrochenes Deutsch sprachen, und für mich war vom ersten Moment auf dem Fußballplatz klar, dass die türkischsprachigen Jugendlichen genauso temperamentvoll drauf waren wie ich. Mühelos freundete ich mich mit ihnen an – in der Nachbarschaft, in der Schule, auf dem Fußballplatz. Zu meinem engsten Freundeskreis zählten ab sofort größtenteils türkischsprachige Jugendliche. Einige bezeichneten sich als Aleviten, andere als Kurden. Wiederum andere betonten, dass sie Sunniten seien, und einige waren schon mit 14 Anhänger der Grauen Wölfe. Man könnte jetzt behaupten, dass sie sehr verschieden gewesen sein mussten, dem war jedoch nicht so. Schlussendlich sprachen sie alle Türkisch, trugen ähnliche Namen und aßen zu Hause dieselben Gerichte. Ihre Eltern kamen aus derselben Region der Welt, hatten ähnliche Familiengeschichten und selbst wenn sie sich unterschieden, fühlten sie sich als große türkischsprachige Minderheit in Deutschland auf einer Seite.

Da ich weder Teil einer persischsprachigen noch einer jüdischen Gemeinschaft war, war es ein natürlicher Prozess, dass ich mich relativ schnell in die türkische Jugendszene integrierte. Als ich mich jedoch als Jude „geoutet" hatte, ohne zu wissen, was es eigentlich bedeutet, Jude zu sein, und ohne zu wissen, was ich mir damit antat, änderte sich sehr viel für mich. Einigen Weddingern, insbesondere den arabischsprachigen Jugendlichen, war es ein Dorn im Auge, dass ein Jude auf „ihren" Straßen unterwegs war und in „ihrer" Nachbarschaft wohnte. Viele von ihnen bespuckten, bedrohten und verfolgten mich und machten mir das Leben zur Hölle. Leider übten sie auch einen negativen Einfluss auf einige türkischsprachige Jugendliche aus, die sich plötzlich ebenfalls gegen mich wandten und fortan nicht einmal mehr bereit waren, mir die Hand zu schütteln.

Das war die eine Seite der Medaille. Glücklicherweise ließ sich ein Großteil meiner türkischen Freunde und Freundinnen nicht durch antisemitische Hetze gegen mich aufstacheln. Sie blieben unserer Freundschaft treu. Einige von ihnen waren sogar ziemlich antiarabisch eingestellt, weil auch sie sich von aggressiv auftretenden arabischen Jugendlichen bedrängt fühlten. Manchmal kam es mir so vor, als seien die Araber die neuen Türken, während viele Türken schon ein Stück weit deutsch geworden waren. Als ob die Türken die Araber so betrachten würden, wie sie selbst einst von den Deutschen betrachtet wurden. Mit Sorgen. Vorurteilen. Ängsten.

Im Wedding stellten die Türken die Mehrheit. Die neuen „Ausländer" waren somit die Araber. Viele meiner türkischen Kumpel konnten den Hass mir gegenüber, nur weil ich Jude war, nicht nachvollziehen. Für sie waren es indoktrinierte Kinder, die Opfer einer hasserfüllten Erziehung waren, sei es von Seiten der Eltern oder der Moschee. Muslimische Antisemiten waren meinen muslimischen Kumpel genauso suspekt wie mir. Einer meiner türkischen Kumpel sagte mir sogar einmal auf dem Heimweg nach der Schule, dass er hoffe, dass die Israelis in den anstehenden Wahlen (es war das Jahr 1996) Netanjahu und nicht Peres wählen würden, weil man es mit radikalislamischen Judenhassern nur aus einer Position der Stärke aufnehmen könne.

Einige Jahre später besuchte ich mit meiner damaligen Freundin die Türkei. Es fühlte sich wie Heimat an. Alles kam mir so bekannt vor. Die Gerüche, die Sprache, die Gesichter. Ich war begeistert. An keinem anderen Ort der Welt hätte ich damals ein solches Gefühl der Heimat gehabt. In Deutschland war ich ein Ausländer, im Iran war ich noch nie und Israel kannte ich noch nicht genug, um es als Heimat wahrzunehmen. Ich identifizierte mich mit den Türken Berlins und fühlte mich somit auch sehr wohl in der Türkei.

Istanbul ist eine traumhaft schöne Stadt mit vielen netten Menschen. Mich hielt man stets für einen Türken aus Deutschland und sprach mich überall auf Türkisch an. Ich konnte zwar das eine oder andere Wort auf Türkisch, war aber bei Weitem nicht in der Lage, ein längeres Gespräch auf Türkisch zu führen. So schlugen wir uns auf Englisch durch, was vollkommen in Ordnung war, aber zur Folge hatte, dass ich immer wieder interessiert gefragt wurde, welcher Nationalität ich denn sei. Meine Antwort auf diese vermeintlich einfache Frage war immer eine andere, um nämlich einen noch authentischeren Eindruck der Türkei und der Türken zu erhalten. Mal antwortete ich, ich sei Iraner, mal Israeli und mal Jude aus Deutschland. Jede Antwort war für sich keine Lüge, betonte jedoch jede für sich einen anderen Teil meiner verschiedenen Identitäten. Die Reaktionen fielen ausnahmslos positiv aus. Hin und wieder hatte ich im Gefühl, dass man ein wenig geschockt zu sein schien, als ich „Israeli" antwortete, doch es kam während unseres Besuches in der Türkei nie zu unangenehmen Situationen.

Die Medaille hat jedoch zwei Seiten. An unserem letzten Tag in Istanbul wollten wir wenige Stunden vor unserem Abflug noch eine alte Synagoge besuchen gehen. Ausgerüstet mit einer großen und bunten Stadtkarte in der Hand liefen wir aus dem Hotel, entlang des Bosporus, Richtung Norden. In den ersten Gehminuten waren wir noch umgeben von Touristen, doch ziemlich schnell wurde es ruhig um uns herum. Nur wenige Minuten raus aus dem Zentrum, und es schien menschenleer zu sein. Aus pompösen Mega-Moscheen wurden niedrige und äußerst erbärmlich wirkende Wohnhäuser. Es schien, als würden wir durch eine sehr arme Gegend laufen. Meine Freundin bat mich zurückzukehren. Sie hatte ein unwohles Gefühl. Sie schien ein wenig Angst zu haben. Ich fühlte mich auch nicht so wohl, doch die letzten Tage liefen einwandfrei, also warum jetzt Sorgen machen?

Ein großer Mann, etwas älter als ich, kam auf uns zu und fragte, ob er behilflich sein könne. Wir schienen ein wenig verloren zu sein, so sagte er. Er hatte natürlich die Stadtkarte gesehen und wusste, dass wir Touristen waren. Er wirkte freundlich, also ging ich auf sein Angebot ein und fragte ihn, ob er die alte Synagoge kennen würde. Er nickte und fragte, ob wir Juden seien. Ich bejahte. Er sagte, dass er uns dorthin begleiten könne, woraufhin ich ihm dankte, jedoch ablehnte. Es würde reichen, wenn er uns einfach die Richtung zeigen und uns sagen könne, wie viele Gehminuten noch ungefähr vor uns lagen. Er ließ jedoch nicht locker, nahm mir die Stadtkarte aus der Hand und sagte: „Follow me!“

Meine Freundin hatte ein ungutes Gefühl. Was hätte ich machen sollen? Es war mir unangenehm, seine Hilfsbereitschaft abzulehnen. Es könnte falsch interpretiert werden. Aus Erfahrung wusste ich, dass man unter keinen Umständen Türken in ihrem Stolz beleidigen sollte. Das konnte verheerende Folgen haben und das wollte ich nicht riskieren. Wir wussten, wir waren nahe dran, doch die Straßen waren eher Gassen und es fiel uns schwer, den richtigen Pfad zur Synagoge zu finden. So liefen wir ihm ein paar Minuten hinterher, voller Hoffnung, dass es keine bösen Überraschungen geben würde.

Doch leider bewahrheiteten sich unsere Befürchtungen. In einer kleinen Gasse angekommen, nahe eines Hauseinganges, bückte sich der Mann plötzlich, zog ein Tuch aus seiner Tasche und fing an, meinen linken Schuh zu polieren. Ich kann nicht in Worte fassen, wie unangenehm mir das war. Ich war überhaupt nicht darauf vorbereitet. Wahrscheinlich wäre ich eher mit einer Situation zurechtgekommen, in der er ein Messer gezogen hätte, denn das kannte ich aus meiner Jugend. Doch was tut man, wenn ein fremder Mann einem mitten auf der Straße, an einem sehr abgelegenen Ort, anfängt, die Schuhe zu polieren?

Meine Freundin und ich waren im Schock. Wie angewurzelt standen wir da. Wir waren sprachlos. Dann stellte sich der Mann vor mir auf, lächelte mich an und hielt seine rechte Hand aus. Ich verstand sofort, dass er für seine Dienste entlohnt werden wollte, und sah mich gezwungen, Geld aus meiner Hosentasche zu ziehen. Da ich keine Münzen mehr hatte, zog ich einen Bündel Geldscheine aus der Tasche, um ihm einen Schein abzugeben. Der kleinste Schein hatte einen ungefähren Wert von zwanzig Euro. Das war nicht wenig für seine Aufdringlichkeit, doch mir blieb keine andere Wahl. Ich überreichte ihm den Schein, stopfte den Rest zurück in meine linke Hosentasche und wollte mich gerade von ihm verabschieden, als er sich plötzlich wieder bückte und anfing meinen rechten Schuh zu polieren.

Jetzt rutschte mir das Herz in die Hose. Ich wusste, ich hatte einen riesigen Fehler begangen, als ich ihm meinen Geldbündel zeigte. Er wusste, ich hatte Geld. Was käme wohl als nächstes, um an mein Geld zu gelangen?

Meine Freundin klammerte sich ganz fest an mich. Ich zog noch einen Schein aus der Tasche, überreichte ihn dem Mann und war innerlich auf alles gefasst. Ich fühlte mich wie früher auf den Straßen Berlins. Dutzende Male war ich in unangenehme Situationen hinein geraten und musste mich boxen. Ich war auf alles gefasst.

Der Mann guckte kurz den Geldschein an und starrte mir tief in die Augen. Dann stieß er einen lauten Pfiff aus. In Sekundenschnelle blickten mehrere Männer aus verschiedenen Fenstern auf uns hinunter. Erst jetzt begriff ich, dass er uns in eine Falle gelockt hatte. Es war alles geplant. Sein Blick war kein freundlicher mehr. Er fragte mich, ob ich mit seinem Dienst nicht zufrieden gewesen sei, denn mein Trinkgeld sei eine Beleidigung für ihn. Ich verstand, was das Ganze sollte. Es war eine Art legaler Raubüberfall eines Touristenpaares.

Die ganze Situation enttäuschte mich sehr. Wir hatten doch so eine schöne Zeit in der Türkei gehabt, warum musste das am Ende passieren? Warum musste ich meine Freundin in Gefahr bringen? Und was, wenn der Mann uns alles Geld nahm und wir nicht einmal mehr das Taxi zum Flughafen bezahlen konnten? Vielleicht kämen gleich die anderen Männer auf die Straße und wer weiß, zu was sie in der Lage sind? Fragen über Fragen. Vorwürfe über Vorwürfe. Das alles innerhalb weniger Sekunden.

Doch dann tat ich etwas vollkommen Ungeplantes, das den Verlauf der Dinge auf den Kopf stellen sollte. Ich schrie den Mann spontan auf Türkisch an: „Ich bin aus Berlin und habe dort viele türkische Freunde, und was du hier machst, ist nicht in Ordnung!“

Ich wusste, ich musste jetzt umso mehr auf alles gefasst sein und im Notfall gegen mehrere Männer gleichzeitig kämpfen. Ich schwor mir, keiner von ihnen würde meine Freundin anfassen. Ich hatte Angst, doch ich war gezwungen, mich zusammenzureißen. Aus Erfahrung wusste ich natürlich auch, dass Angst zu zeigen in so einer Situation absolut keine Option ist. Man muss zeigen, dass man bereit ist, zu kämpfen. Genau das tat ich.

Der Gesichtsausdruck des Mannes änderte sich jedoch und er lächelte mich plötzlich an. Er schien sichtlich beeindruckt zu sein. Er hatte ja keine Ahnung, dass ich unter Türken aufgewachsen war. Wahrscheinlich hielt er mich nur für einen naiven, reichen, jüdischen Touristen. Er verstand sofort, dass ich mein Türkisch nicht aus einem Lehrbuch, sondern auf der Straße gelernt hatte, und wusste, dass ich wirklich unter Türken aufgewachsen war. Er entschuldigte sich bei mir und meiner Freundin und bat uns, ihm auf die letzten Schritte zur Synagoge zu folgen.

Die alte Synagoge war nichts weiter als ein altes, kleines, heruntergekommenes Gebäude, das inmitten vieler anderer kleiner, heruntergekommener Gebäude stand und sich in nichts von ihnen unterschied. Sie war keinen Besuch wert. Umso weniger, da das Gebäude geschlossen war. Das Einzige, was darauf hinwies, dass es sich um eine alte Synagoge handelte, war ein kleines Schild.

Wir waren mit den Gedanken sowieso nicht mehr bei der Sache. Unser Urlaub in der Türkei neigte sich dem Ende zu und es war leider eine abschließende bittere Situation, die glücklicherweise, dank der durch meine Freunde erlernten Türkischkenntnisse, einen friedlichen Ausgang hatte.

Das war mein ganz persönlicher Tiefpunkt in den Beziehungen zu den Türken. Wenige Jahre später, am 31. Mai 2010, erlebten auch Israel und die Türkei einen Tiefpunkt in ihren Beziehungen, als das türkische Propaganda-Schiff Mavi Marmara die israelische Seeblockade zum Gazastreifen, um die Einfuhr von Waffen und Raketenmaterial an die Hamas zu stoppen, durchbrechen wollte. Israelische Sicherheitskräfte seilten sich auf offener See auf das Schiff ab und wurden von Dutzenden bewaffneten Islamisten angegriffen. Es kam zu Toten und Verletzten. Ich konnte alles live mitverfolgen, da ich mich als IDF-Sprecher auf einem der israelischen Kriegsschiffe befand, die in jener Nacht an der Mission teilnahmen. Schon am nächsten Tag wurde ich mit Hunderten Presse- und Interviewanfragen aus aller Welt bombardiert. Ich war eines der Gesichter der IDF, die mal vor und sehr viel öfter hinter der Kamera versuchten, den Zwischenfall zu erklären.

Der türkische Staatschef stand hinter dieser Eskalation und nutzte den Tod türkischer Aktivisten für seine antisemitische Propaganda. Leider mit Erfolg. Seit diesem Vorfall haben sich die Beziehungen zwischen der Türkei und Israel verschlechtert. Erdoğan verfolgte über Jahre hinweg eine eindeutig antiisraelische und judenfeindliche Politik, die ihre Spuren auch bei türkischen Jugendlichen in Deutschland hinterlassen hat. In Deutschland geborene Türken der dritten und vierten Generation saugten die Staatspropaganda auf und fingen an, mich über meine Internetkanäle zu beleidigen und zu bedrohen. Über Jahre hinweg erhielt ich tägliche Hassbotschaften von jungen türkischsprachigen Muslimen, die aufgehetzt wurden und mich als Feind sahen. Doch ich wollte etwas entgegensetzen und antwortete fast allen von ihnen, ganz gleich wie beleidigend sie waren. Ich erzählte ihnen immer wieder, dass das türkische Volk mir sehr nahe stehe und ich mich als Jugendlicher auch ein Stück weit mit meinen türkischen Freunden identifiziert habe. Ich betonte, dass ich kaum schlechte Erfahrungen gemacht habe und es absolut keinen Grund dafür gebe, dass radikalislamische Propaganda die guten Beziehungen zwischen Türken und Juden, der Türkei und Israel negativ beeinflussen sollte.

Nicht immer hatte ich Erfolg, doch immer wieder verwandelte sich der anfangs sehr scharfe Ton in eine produktive Diskussion. Am Ende verstand die große Mehrheit der größtenteils jungen muslimischen Männer, die mir schrieben, dass das ganze „Free Palestine"-Getue von Seiten radikaler Kräfte nichts weiter als eine Lüge war. Es steht nichts dahinter. Türken haben nicht wirklich etwas mit Arabern, geschweige denn Palästinensern am Hut. Weder im Nahen Osten noch in Deutschland. Sie können sich eigentlich überhaupt nicht ausstehen. In vielen Fällen konkurrieren sie sogar miteinander. Es ist allein eine kleine, radikalislamische Minderheit, egal ob türkischer oder arabischer Herkunft, die sich in ihrer judenfeindlichen Weltansicht einig ist.

Durch meinen Einsatz in den sozialen Netzwerken habe ich im Laufe der letzten Jahre unzählige positive Bekanntschaften mit Deutschtürken gemacht. Sie respektieren in der Regel, dass ich mich nicht vor einer Herausforderung wegducke und mir auch die Zeit nehme, mich mit ihnen zu unterhalten. Sie wissen, dass ich gewissermaßen einer von ihnen bin.

8 Her biji Kurdistan!

Eines der größten Versäumnisse der internationalen Politik der Vergangenheit und Gegenwart ist, dass es keinen unabhängigen kurdischen Staat gibt. Die Kurden sind die weltweit größte staatenlose ethnische Gruppierung und sie stellen die viertgrößte ethnische Gruppe im Nahen Osten. Es ist eine Tragödie!

Dabei erfüllen die Kurden eigentlich alle „Bedingungen", um eines eigenen Staates würdig zu sein. Sie haben eine jahrtausendealte Geschichte, eine eigene Sprache, eigene Sitten, eine eigene Küche, eigene Tänze – und sie leben auch größtenteils an einem Ort auf der Welt. Über 30 Millionen Kurden leben in einem durchgängig verbundenen Gebiet, das sich von der Osttürkei, Nordsyrien, Nordirak und Südarmenien bis in den westlichen Iran erstreckt.

In die deutschen Schlagzeilen schafften es die Kurden in den letzten Jahrzehnten mehrere Male: als kurdische Aktivisten sich in den 90er Jahren auf offener Straße in Brand setzten, als PKK-Chef Öcalan gefasst wurde, als der Islamische Staat Kurden in Syrien und im Irak abschlachtete und jedes Mal, wenn die Rede von kurdisch-arabischen Clans und Ehrenmorden ist. Leider in erster Linie Negativschlagzeilen.

Es wundert mich deshalb nicht, dass sich, bis auf ganz wenige Ausnahmen, kaum jemand für das kurdische Volk interessiert, geschweige denn einsetzt. Der deutsche Otto Normalverbraucher kann sie nicht von den anderen „Schwarzköpfen" unterscheiden, und da sie sowieso größtenteils Muslime sind, werden sie ähnlich wahrgenommen wie Deutsche mit türkischen, arabischen oder iranischen Wurzeln.

Ich wusste während meiner Jugend nicht einmal, was sich hinter meiner eigenen jüdischen Identität verbarg, geschweige denn, wer oder was die Kurden sind. Mir fiel nur auf, dass einige meiner türkischen Freunde sich stets über die Kurden lustig machten und „Kurde" als Schimpfwort benutzten. Meine Freunde des El-Zein-Clans hingegen bezeichneten sich mal als Araber, mal als Kurden, und mal als aus der Türkei stammend, sodass ich auch in diesem Fall nicht wirklich nachvollziehen konnte, wer „die Kurden" waren.

Das erste Mal, dass mir das „kurdische Thema" naheging, war, als ich in der 11. Klasse ein rassistisches Wortgefecht zwischen einem Türken und einem Kurden mit einem Bleistift auf den Tisch kritzelte und dafür der Schule verwiesen wurde. Mir wurde von meiner Schuldirektorin und einem Klassenlehrer Rassismus vorgeworfen und mir wurde klargemacht, dass man am Diesterweg-Gymnasium unter keinen Umständen rassistische Äußerungen dulden würde. Als ob sie die Schule vom Mond aus unterrichten würden. Sie waren vollkommen abgekoppelt von der Sprache der Schüler und der Realität des Schulhofes. Rassismus und Antisemitismus waren keine Ausnahme, sondern die tägliche Norm. Doch was verstanden deutsche Lehrer schon von dem, was wirklich zwischen den verschiedenen ethnischen Gruppierungen in Berlin so vor sich ging? Nichts. Absolut gar nichts.

Erst viele Jahre später stellte ich fest, dass mich sehr viel mehr mit den „Kurden" verband. Bisher hatte ich das Wort nur gehört, wenn meine türkischen Freunde sich abschätzig über Kurden äußerten. Dann stellte ich fest, dass zwei meiner angeheirateten Onkel iranische Kurden aus der Region Kermanshah waren. Wenn sie nicht wollten, dass ihre persischsprachigen Verwandten, also auch meine Eltern und ich, sie verstanden, dann sprachen sie untereinander auf Kurdisch.

Meine Onkel erzählten bei jedem Familienzusammenkommen über das traurige Schicksal des kurdischen Volkes, das – so wie es einst die Juden waren – nach wie vor vollkommen hilflos und ausgeliefert ist. Solange die Kurden keinen eigenen Staat haben, sind sie ihren türkischen, arabischen und iranischen Herrschern ausgeliefert. Nur an einem einzigen Ort auf der Welt, im Nordteil des Iraks, hat die kurdische Minderheit, die ca. 20 Prozent der Gesamtbevölkerung des Irak ausmacht, im Laufe der letzten Jahrzehnte eine autonome kurdische Verwaltung etabliert. Eine Autonomiebehörde, die mit der ständigen Angst zu leben hat, dass sie möglicherweise jederzeit wieder, wie beim Angriff des IS, um ihr Überleben kämpfen muss.

Ein Gefühl der ständigen Existenzbedrohung, das weder Türken noch Araber noch Iraner, nachvollziehen können. Die Juden hingegen können die Existenzängste der Kurden sehr gut nachvollziehen. Deshalb ist Israel auch der einzige Staat auf der Welt, der sich in vielerlei Hinsicht mit den Kurden identifiziert. Dieses Verständnis und diese Solidarität haben viele Gründe.

Aus Sicht des Staates Israel steht fest, dass ein unabhängiger kurdischer Staat inmitten des arabisch dominierten Nahen Ostens ein willkommener strategischer Partner sein könnte. Ein kurdischer Staat würde auch die „Terror-Autobahn" zwischen der Islamischen Republik Iran und seinem Vasallenstaat Libanon bzw. zwischen den Iranischen Revolutionsgarden und der Terrorarmee Hisbollah unterbrechen und eventuell bestimmte Lieferungen von Waffen und Raketen unterbinden können. Ein kurdischer Staat, der sich genauso bedroht fühlen würde von radikalislamischen Terrornetzwerken und -organisationen würde Israel zweifellos als Verbündeten wahrnehmen. Eine strategische Partnerschaft zwischen Israel und einem unabhängigen Kurdistan wäre somit garantiert.

Doch das Verständnis für die Kurden geht noch viel tiefer und hat mit der eigenen jüdischen Geschichte zu tun. Die Juden wurden immer und überall verfolgt. Pogrome und Zwangskonvertierungen waren keine Ausnahme in der Geschichte der Juden, mit dem traurigen Tiefpunkt der Shoah. Aus jüdischer Sicht hat die kurdische Leidensgeschichte eine gewisse Ähnlichkeit mit der jüdischen. Mit einem Unterschied: Die Juden besitzen heute einen eigenen, selbstbewussten und sich zur Wehr setzenden Staat – die Kurden nicht.

Und was halten die Kurden von den Juden? Sie bewundern sie! Sie ahmen sie nach. Und sie wollen genau das erreichen, was die Juden 1948 erreicht haben: einen unabhängigen Staat. Auch die Juden waren in der Unterzahl. Auch sie wurden von allen Seiten angegriffen. Doch sie wussten sich im Recht und waren bereit, bis auf den letzten Mann und die letzte Frau für ihre Freiheit zu kämpfen, um nie wieder hilflos sein zu müssen. Die Zeit der Staatsgründung Israels – wenige Jahre nach dem Holocaust – ist aus kurdischer Sicht vergleichbar mit der Gegenwart – wenige Jahre nach dem Überfall des Islamischen Staates auf große kurdische Gebiete, sowohl in Syrien als auch im Irak, und der Erfahrung des Massenmordes an den Kurden. Einer meiner kurdischen Freunde sagte mir einst, dass die Kurden Syriens und des Iraks sich heute so fühlen würden, wie sich die Juden 1947 in etwa gefühlt haben müssen.

„Her biji Kurdistan" bedeutet in etwa: „Es lebe Kurdistan". Zum ersten Mal sah ich diesen Spruch in Berlin-Kreuzberg auf eine Wand gesprüht. Damals hat es mich nicht besonders interessiert oder berührt. Heute umso mehr. In den letzten Jahren habe ich mich auf mehreren Wegen als großer Freund der „kurdischen Sache" gezeigt. In Zeitungskolumnen, auf meinen Internetkanälen und sogar in meinem Schlusswort zu Tobias Huchs 2018 erschienenen Buch *Kurdistan* äußerte ich mich klipp und klar für einen unabhängigen kurdischen Staat. Ich bin fest davon überzeugt, dass ein starkes, demokratisches Kurdistan sowohl für die Kurden als auch für die Juden und sicherlich auch für die gesamte Region ein Segen sein wird.

Seit ich mich also öffentlich als Unterstützer der kurdischen Sache „geoutet" habe, erhalte ich Zuschriften von Kurden und Kurdinnen, die in Deutschland, der Schweiz und Österreich leben. Mit vielen von ihnen stehe ich mittlerweile sogar im WhatsApp-Kontakt. Den einen oder die andere konnte ich bei Gelegenheit schon in einem Café treffen und ein schönes Gespräch führen. Einige besuchen immer wieder den Iran, den Irak oder die Türkei und teilen ihre Eindrücke der Situation gerne mit mir, was mir ein noch besseres Verständnis ihrer Lage und der Lage des Nahen Ostens an sich gibt. Viele Freundschaften haben sich entwickelt. Dass sie Muslime sind und ich ein Jude, spielt absolut keine Rolle. Wenn es eine Rolle spielt, dann eigentlich nur im positiven Sinne, denn so wie zwischen Kurden und Juden gegenseitiger Respekt und eine tiefe Verbundenheit besteht, so besteht er auch zwischen mir und meinen neugewonnenen kurdischen Freunden und Freundinnen.

Dass 2017 im Norden des Iraks gehaltene Unabhängigkeitsreferendum führte zwar zu keinem freien kurdischen Staat, aber die Kurden haben international Flagge gezeigt. Zum ersten Mal in jüngerer Geschichte haben die Kurden sich als Nation in den Vordergrund gestellt und offen ausgesprochen, dass sie einen eigenen Staat wollen. Die Machtverhältnisse im Nahen Osten sind jedoch so aufgeteilt, dass niemand weit und breit, bis auf

Israel, ein Interesse an einem kurdischen Staat hat. Das Momentum der letzten Jahre ist derweil verflogen. Freundschaftliche Beziehungen und Kooperationen zwischen den Menschen und Sicherheitsorganisationen in Israel, in der autonomen kurdischen Region und darüber hinaus bleiben jedoch bestehen.

9 Ägypten und Jordanien: Frieden mit Leben füllen

Als kleiner Junge war ich ein großer Fußballfan. Jeden Tag, ob Regen, Schnee oder Hitzewelle, rannte ich nach der Schule bis in die späten Abendstunden dem Ball hinterher. Nichts anderes interessierte mich. Am allerwenigsten das Thema Religion.

Mein damaliges Vorbild war der argentinische Fußballstar Diego Maradona. Ich identifizierte mich mit ihm, weil auch ich vergleichsweise klein und dicklich war und dichtes schwarzes Haar trug. Mit wem sonst hätte ich mich identifizieren können? Wer sonst hätte eine Art Vorbildfunktion für mich haben können? Karl-Heinz Rummenigge? Franz Beckenbauer?

Maradona war mein großes Vorbild und ich wollte so Fußball spielen können wie er. Also trainierte ich jeden Tag mit dem Ziel, schon als Kind in einen respektablen Fußballclub aufgenommen zu werden und dort langsam, aber sicher Fußballkarriere machen zu können. Ich war mit dieser Wunschvorstellung nicht alleine. Meine besten Freunde Till und Erkan hatten denselben Wunsch. Wir hatten doch nichts anderes als Fußball.

Ein Arztbesuch ließ meinen Traum jedoch zerplatzen. Meine Eltern hörten auf den Doktor. Der gute alte Herr riet ihnen ausdrücklich, mich aufgrund meiner Asthma-Erkrankung nicht in einem Fußballclub anzumelden. Die körperliche Belastung könnte sich negativ auf meinen Gesundheitszustand auswirken. Diese Diagnose war für mich wie ein Stich in mein kleines Herz. Ich versuchte meine Eltern zu überreden, mich dennoch in einem guten Verein anzumelden, weil ich davon überzeugt war, dass ich Potenzial hatte und schon mit dem Asthma klarkommen würde. Doch meine Eltern, besonders mein Vater, blieben stur. Sie wollten meine Gesundheit nicht gefährden. Fußball spielte ich dennoch jeden Tag ununterbrochen weiter, auf Stein, im Sand, auf Rasen, bei jeder Wetterlage, am hellen Tag, im Dunkeln, im Nebel – egal, ich spielte. Doch während meine beiden besten Freunde mehrmals die Woche beim Spandauer Fußballclub trainieren durften, blieb mir nichts anderes übrig, als ihnen von der anderen Seite des Zaunes beim Training und hin und wieder bei Heimspielen am Wochenende am Ziegelhof zuzuschauen.

Während also mein Kindheitstraum von einer Fußballkarriere immer weiter in die Ferne rückte, fing auch die Vorbildfunktion Maradonas langsam an zu verblassen, bis er überhaupt keine Rolle mehr für mich spielte und ich anfing, mich nach einem neuen Vorbild umzuschauen.

Viele Jahre hatte ich kein eindeutiges Vorbild vor Augen, wie es einmal Maradona für mich gewesen war. Je älter ich wurde, desto mehr sah ich ein, dass mein Vorbild jemand sein sollte, dessen Handeln ich aufs Tiefste respektiere und den ich als Erwachsener nachahmen möchte. Durch den mir widerfahrenen Antisemitismus während meiner Jugendjahre befasste ich mich unfreiwillig immer intensiver mit den Themenbereichen Religion, ethnische Gruppierungen, Naher Osten, Krieg und Frieden. Ich begab mich auf die Suche nach jüdischen Charakteren, die mir Mut geben würden und wie die ich eines Tages sein wollte. Juden, die sich für das jüdische Volk und Israel eingesetzt hatten oder noch einsetzen. Juden, die eventuell wie ich aus ärmlichen und problematischen Verhältnissen stammen und es dennoch zu etwas in ihrem Leben gebracht haben.

Eine ganze Reihe von jüdischen und israelischen Persönlichkeiten gefielen mir, doch ich stieß auf keinen neuen Maradona. Verzweifelt las ich mich in die Biografien israelischer Staatschefs, Armeegeneräle und Schriftsteller ein, doch niemand überzeugte mich.

Bis auf den ehemaligen ägyptischen Staatschef Anwar el-Sadat. Sadat hatte es mir angetan. Warum? Sadat war ein gläubiger Muslim. Ein stolzer Araber. Das Oberhaupt des größten Widersachers Israels in den 70er Jahren. Er war es, der eine riesige Armee befehligte, die den jungen jüdischen Staat hätte in die Knie zwingen können. Doch er verlor den 1973 initiierten Krieg gegen Israel. Ägyptens Sinai-Halbinsel wurde von israelischen Truppen übernommen und es war für die Ägypter eine große Blamage, den mittlerweile dritten Krieg gegen Israel innerhalb von 25 Jahren verloren zu haben. Obwohl Ägypten der bevölkerungsreichste arabische Staat mit dem größten Territorium war. Obwohl Ägypten die unbestritten führende arabische Militärmacht war.

Die Niederlage Ägyptens gegen den kleinen David war auch ein Gamechanger für Anwar Sadat. Im Gegensatz zu anderen arabischen Führern jener Zeit, die sich direkt im Anschluss an die Niederlage auf den nächsten Krieg vorbereiteten, setzte Sadat auf einen Kurswechsel. Der Verlust der Sinai-Halbinsel und das unnötige Blutvergießen von Tausenden Ägyptern und Israelis schmerzten ihn ganz offensichtlich. Er fasste den Beschluss, Frieden zwischen Ägypten und Israel zu ermöglichen, und wollte sich selbst dafür einsetzen. Im November des Jahres 1977, nur wenige Monate nach meiner Geburt, setzte Sadat sich in der ägyptischen Hauptstadt Kairo in ein Flugzeug und flog als erster arabischer Staatschef nach Israel, um seinen Amtskollegen, den israelischen Ministerpräsidenten Menachem Begin, zu treffen. Er war auch der erste arabische Staatschef überhaupt, der im israelischen Parlament, der Knesset, eine beeindruckende Rede hielt, die er mit den folgenden Worten begann: „I came to you today on solid ground to shape a new life, to establish peace“, und mit dem folgenden Zitat aus dem Koran abrundete: „We believe in God and in what has been revealed to us and what was revealed to Abraham, Ismail, Isaac, Jacob, and the tribes and the books given to Moses, Jesus, and the prophets from their lord. We make no distinction between one and another among them and to God we submit.“

Es war eine wahrhaft historische Rede! Sadats Reise nach Israel, seine Rede im Parlament und seine ehrliche, auf Versöhnung ausgerichtete Einstellung überzeugten die Israelis, dass es sich lohnen würde, die Sinai-Halbinsel wieder an die Ägypter zurückzugeben, denn Frieden schien diesmal, zum ersten Mal seit 1948, eine greifbare Option zu sein.

Der Schein trog nicht, denn nur zwei Jahre später, 1979, unterzeichneten Israel und Ägypten einen in die Geschichte eingehenden Friedensvertrag. Sadat bezahlte dafür mit seinem Leben. Er wurde 1981 von einem ägyptischen Fanatiker ermordet.

Bis heute, 2022, hat kein einziger arabischer Staatschef einen ähnlich mutigen Schritt für Frieden zwischen den Völkern und Religionen gewagt, wie es einst Sadat tat. Sadat ist mein neuer Maradona. Auch ich wäre bereit, mein Leben für Frieden aufs Spiel zu setzen. Es braucht viele Sadats, um im muslimisch dominierten Nahen Osten und Nordafrika Frieden statt Krieg und Terror zu verbreiten. Sadat motiviert mich, gibt mir Optimismus und überzeugt mich, dass es auch anders gehen kann.

1994 schlossen dann auch Jordanien und Israel Frieden. Auch in diesem Fall war die Annäherung und Versöhnung, die am Ende zum Frieden führte, nur möglich, weil mutige Staatsmänner auf beiden Seiten eine positive Zukunftsvision hatten und teilten. Dabei hatte Jordaniens König Hussein keine einfache Ausgangssituation, denn die Mehrheit der jordanischen Bevölkerung nahm sich zum Zeitpunkt der Friedensgespräche als „Palästinenser" wahr. Sie waren ausdrücklich gegen die Anerkennung des Staates Israel und für die Fortsetzung des Konfliktes, gegen die Juden und für ein „freies Palästina", was auch immer damit gemeint sein mag. Nichtsdestotrotz unterzeichneten das israelische Staatoberhaupt Jitzchak Rabin und der jordanische König Hussein den Friedensvertrag und schrieben somit Geschichte.

Ägypten und Jordanien waren die ersten zwei arabischen Staaten, die mit dem jüdischen Staat Frieden schlossen. Das wirklich erstaunliche ist, dass beide Länder kurz vorher noch der Speerspitze jener Gruppe von muslimisch-arabischen Ländern angehörten, die gegen einen unabhängigen jüdischen Staat waren und ihn bei jeder Gelegenheit und mit allen Mitteln bekämpften. Doch wenn viel Blut fließt und Menschenleid unübersehbare Wunden hinterlässt, dann scheinen Menschen, zumindest in manchen Fällen, zur Besinnung zu kommen und zu akzeptieren, dass ein gemeinsamer Weg eine bessere Option für alle Seiten sein könnte.

Es scheint auf den ersten Blick etwas weit hergeholt zu sein, aber vielleicht lässt sich die Logik der Annäherung zwischen Ägypten und Israel und später Jordanien und Israel mit dem Frieden zwischen Deutschland und Frankreich vergleichen. Frieden kam schließlich erst zustande, als der ursprüngliche Aggressor, Deutschland, 1945 komplett geschlagen war und einsah, dass er kein weiteres unnötiges Blutvergießen mehr wünscht. Man kann nur darüber spekulieren, wie Deutschland sich wohl nach 1945 entwickelt hätte, wäre es nicht von den Alliierten besetzt worden. Doch ich gehe stark davon aus, dass die Deutschen nach zwei verlorenen Weltkriegen wirklich begriffen hatten, dass sie kein drittes Abenteuer wagen sollten.

Wenn wir jetzt bei diesem Vergleich bleiben und beobachten, wie sich jeweils die deutsch-französischen, die israelisch-ägyptischen, und die jordanisch-israelischen Beziehungen entwickelt haben, dann lässt sich leider feststellen, dass es zwei verschiedene Arten von Frieden zu geben scheint. Denn während sowohl die französische als auch die deutsche Seite sehr viel dafür getan haben, Frieden mit Leben zu füllen, geschah im Nahen Osten praktisch gar nichts. Während die Grenze zwischen Deutschland und Frankreich sich mit der Zeit in Luft auflöste und man sich seitdem jederzeit problemlos besuchen kann, wurden die Grenzanlagen zwischen Israel und Ägypten sowie zwischen Israel und Jordanien teilweise sogar enorm verstärkt und ausgebaut. Während Franzosen und Deutsche sich seit Jahrzehnten als engste Partner und Partnerinnen auf der internationalen Bühne präsentieren, haben juden- und israelfeindliche Hetze weder in Ägypten noch in Jordanien an Quantität oder Qualität eingebüßt. Das hinterlässt natürlich Spuren. Nachhaltige Spuren. So ist allseits bekannt, dass bei Umfragen ein Großteil der ägyptischen und jordanischen Bevölkerungen nach wie vor negative Einstellungen gegenüber den Juden hat und Israel als Hauptbedrohung für die nationale Sicherheit wahrnimmt. Viele Jordanier und Ägypter, teilweise ohne schulische Bildung, teilweise in radikalislamischen Kreisen beheimatet, sind überzeugt davon, dass die Friedensabkommen zwischen ihren Ländern und dem „jüdischen Satan" von nebenan eine Lüge der „Zionisten" und der verhassten Amerikaner seien.

Die absurde Realität des kalten Friedens. Eines Friedens, der von mutigen Politikern in die Wege geleitet, aber über Jahrzehnte nicht mit Leben gefüllt wurde und so bei vielen Muslimen nicht angekommen ist.

Als der Islamist Mohamed Mursi 2012 in Ägypten an die Macht kam, stellte das den Frieden zwischen den Ländern vor eine harte Probe. In Israel hatte man große Bedenken, dass die Muslimbruderschaft, die seit eh und je von der ägyptischen Regierung verfolgt und deren Funktionäre inhaftiert wurden, jetzt die Gunst der Stunde nutzen könnte, um das Friedensabkommen zu annullieren. Glücklicherweise wurden die Islamisten schon ein Jahr später, noch bevor sie sich richtig fest in den Sattel setzen konnten, überrumpelt und Mursi inhaftiert. Die Muslimbruderschaft wurde mittlerweile als terroristische Organisation eingestuft und verboten. Die Frage, was geschehen wäre, wenn Mursi an der Macht geblieben wäre, bleibt offen.

Wieder sind es Politiker, Regierungen und ganz vorne mit dabei Sicherheitsorganisationen, die sich seit dem Fall Mursis näherkommen und miteinander kooperieren. Mursis Muslimbruderschaft, die nur auf ihre Gelegenheit wartet, das Ruder wieder an sich zu reißen, unterstützt auch die palästinensische Terrororganisation Hamas im Gazastreifen, die wiederum eine Art Zweigstelle der Muslimbrüderschaft ist. Hinzu kommt, dass auf der Sinai-Halbinsel, insbesondere im nördlichen Teil, der Islamische Staat in manchen extrem kriminellen und gewaltbereiten Beduinenstämmen Fuß gefasst hat. Sowohl die israelischen als auch die ägyptischen Sicherheitsdienste verstehen, dass nur ein gemeinsames Vorgehen gegen den radikalislamischen Terror, der beide Seiten gleichermaßen, wenn auch auf andere Weise bedroht, für Erfolg sorgen kann.

Auch in Bezug auf Jordanien spielen die Sicherheitsinteressen beider Seiten eine zentrale Rolle für eine gute Kooperation. Radikalislamistische Zellen, auch des IS, die weder Freunde Israels noch des jordanischen Königshauses sind, haben sich in den letzten Jahren auf jordanischem Boden festgesetzt. Solange alle wissen, dass ihre gemeinsame Bekämpfung eine Win-win-Situation ist, sollte sich an den guten Beziehungen nichts ändern.

Doch kann man in beiden Fällen nicht davon ausgehen, dass eine Sicherheitskoordinierung, so gut sie auch funktionieren mag und so sehr sie auch den Menschen insbesondere auf der arabischen Seite dient, bei dem Ladenbesitzer, dem Taxifahrer oder der Lehrerin in Amman oder Kairo ankommt. Dem ist nämlich nicht so. Politik und Medien vermeiden in der Regel die Erwähnung alles Positiven, was in Zusammenhang mit den Juden und Israel gebracht werden könnte. Sie wollen sich nicht die Finger verbrennen und als „Kollaborateure" der israelischen Armee gelten.

Wie also sollte Frieden bis zum allerletzten Jordanier und Ägypter durchsickern? Solange Frieden nicht mit alltäglichen Dingen gefüllt wird, wird er für einen großen Teil der Ägypter und Jordanier unsichtbar sein. Erst seit wenigen Jahren entwickeln sich endlich, parallel zu der Sicherheitszusammenarbeit, eine Handvoll normale Alltagsdinge zwischen Israel und seinen Friedenspartnern, die tatsächlich das Potenzial haben, auch von der ägyptischen Ärztin oder dem jordanischen Landwirt wahrgenommen zu werden. Eine gute Partnerschaft entwickelt sich wie gesagt nur, wenn beide Seiten davon profitieren können.

Genau das ist der Fall, wenn Jordanien Israel mit Solarenergie versorgt und Israel dem wasserarmen Jordanien entsalztes Wasser liefert. Wenn Israel die eigene Wüste zum Blühen gebracht hat, warum also nicht auch die jordanische? Ägypten und Israel hingegen arbeiten sehr eng zusammen im Bereich der Erdgasförderung. Das östliche Mittelmeer hat sich im Laufe des letzten Jahrzehnts in ein regionales Erdgas-Zentrum verwandelt. Griechenland, Zypern, Israel und Ägypten wandeln Unmengen an Erdgas in Strom um, was nicht nur den Menschen zu Hause einen Dienst erweist, sondern in Zukunft mit großer Gewissheit auch den Europäern, allen voran Deutschland, eine Alternative zu russischem Erdgas bieten wird.

Frieden mit Leben füllen bedeutet aber in erster Linie, Kontakt zwischen Menschen zu fördern. Das bleibt leider noch größtenteils aus, und das ist bedauerlich. Es wird in der näheren Zukunft keine Schulaustauschprogramme geben, auch keine Sportvereine, die sich gegenseitig besuchen. Das liegt daran, dass es in beiden Ländern, Ägypten und Jordanien, keine „Umerziehung" in Bezug zu Juden und Israel gab. Auch die Friedensabkommen nehmen kaum eine Rolle in der Erziehung der nächsten Generation ein. Viele jahrhundertealte Vorurteile gegenüber den Juden wurden nicht entschärft. Die tiefe Abneigung gegenüber dem ehemaligen Erzfeind Israel ist von Generation zu Generation weitergereicht worden. Der doppelte Hass, sowohl auf das jüdische Volk als auch auf den jüdischen Staat, ist weit verbreitet. Es braucht eine mutige Führung, die bereit ist, ein Stück ägyptischer und jordanischer Tradition über Bord zu werfen, um dagegen anzukämpfen.

Beruflich führte es mich sowohl nach Jordanien als auch nach Ägypten. Ich suchte immer das Gespräch zu meinen Kollegen. Sie waren stets zuvorkommend und freundlich, doch blieben in der Regel sehr förmlich. Meine Versuche, ein wenig mehr darüber zu erfahren, mit welchen Bildern sie in ihrer Jugend über Juden und Israel „gefüttert" wurden, scheiterten fast immer. Ich hatte den Eindruck, dass sie mich entweder nicht verstehen konnten oder es nicht wollten. Vielleicht war ihnen der latente Antisemitismus in ihren eigenen Reihen auch unangenehm, gerade in Anbetracht dessen, dass sie so eng mit Juden und dem Staat Israel kooperierten. Wahrscheinlich war es eine Mischung aus allem.

Wie dem auch sei, ich erreichte nie ein tiefergehendes Gespräch, aus dem ich schlauer hervorging, bis ich einer für den ägyptischen Staat arbeitenden Kollegin begegnete, die genug Selbstbewusstsein hatte, mir in einem Gespräch unter vier Augen eine bittere Wahrheit zu schildern. Im Prinzip ließ sie mich wissen, dass es ihrer Meinung nach wahrscheinlich kaum eine muslimisch-ägyptische Familie gebe, ob radikalislamisch, nationalistisch oder moderat eingestellt, die ihre Kinder nicht von klein auf mit teilweise extremen juden- und israelfeindlichen Erzählungen erzog. Sie selbst sei auch so erzogen worden. All ihre Freunde und Freundinnen seien so erzogen worden. Das Schlechte war der Jude. Das Böse war Israel. Es gab niemanden, der diese Sicht der Dinge in Frage stellte, zumindest in der Vergangenheit. Das Unterzeichnen des Friedensabkommens wurde in der Regel als Verrat aufgenommen und man ging davon aus, dass es von den Juden nur deswegen initiiert worden war, um sich Zeit zu kaufen, mit dem Ziel, die stolze ägyptische Nation anzugreifen. Doch als meine ägyptische Kollegin sich während ihres Studiums intensiver mit dem Nahen Osten befasste, weil sie sich nach ihrem Abschluss für den Staatsdienst bewerben wollte, fing sie an, auch westliche Texte zu lesen, die ihr ein objektiveres Bild von Ägypten und der Region vermittelten. Auch über die Kriege zwischen Ägypten und Israel und dem Weg Sadats las sie und fing an zu verstehen, dass sie während ihrer Kindheit und Jugend mit Lügengeschichten und antisemitischen Märchen vollgepumpt worden war. Nachdem sie in den Staatsdienst eingetreten war, hatte sie auch mit Israel zu tun und befasste sich somit auch beruflich mit den Juden und Israel. Sie verstand, dass weder die Juden noch Israel ihre Feinde waren. Im Gegenteil: Man steht mittlerweile ohne Frage auf derselben Seite. Sie erzählte mir, dass sie auch in ihrem Umfeld antisemitische Sprüche kritisiere und dafür werbe, die Juden und Israel als Freunde und Verbündete zu sehen. Doch wie viele wie sie gibt es unter den fast 100 Millionen Ägyptern?

Auch wenn es noch viele Jahre dauern wird, bis sich die Friedensabkommen mit Leben füllen werden, müssen wir jeden einzelnen Schritt in die richtige Richtung umso mehr wertschätzen. Eine positive Entwicklung diesen Jahres ist, dass israelische Touristen nach 20-jähriger Pause wieder den Badeort Sharm El Sheikh auf der 1979 von Israel an Ägypten zurückgegebenen Sinai-Halbinsel besuchen dürfen – und somit im wahrsten Sinne des Wortes die Früchte des Friedens genießen können.

10 Überraschende Begegnungen im Oman

Bis zu meinem 40. Lebensjahr hatte ich keine Ahnung, ob es unter den ca. 200 Ländern der Welt ein Land namens Oman gibt und wo genau es sich befindet. Es ist eines jener Länder, von dem man im Geschichtsunterricht, in den Nachrichten oder Familienerzählungen nie etwas zu hören bekommt.

Als ich die Nachricht erhielt, dass ich beruflich in den Oman reisen soll, war ich deshalb nicht ganz sicher, was ich davon halten sollte. Nach Maskat, in die Hauptstadt des Oman, sollte es gehen, und das in schon wenigen Wochen. Oman, am persisch-arabischen Golf. Das klang eher besorgniserregend als einladend. Ich musste mich erst einmal informieren und mir die Lage des Oman auf der Weltkarte anschauen.

Schon auf dem ersten Blick konnte ich feststellen, dass „besorgniserregend" viel zu milde ausgedrückt war. Ein Land könnte aus der Sicht eines jüdischen Israelis nicht problematischer gelegen sein: direkt angrenzend an den im Bürgerkrieg versunkenen Jemen, im Rücken die sunnitische Hochburg Saudi-Arabien und auf der gegenüberliegenden Seite des Meeres die schiitisch-radikalislamische Republik Iran. Sehr einladend wirkte das alles nicht auf mich, aber es fing an, mich zu reizen. Im Sekundenschritt steigerte sich mein plötzliches Interesse für den Oman, einen mir bis dato unbekannten arabischen Staat auf der arabischen Halbinsel.

Es vergingen keine zwei Tage und ich erhielt auch schon die ersten Namen und Telefonnummern von Kontaktpersonen in Maskat. Die Namen ähnelten denjenigen, die ich aus meiner Berliner Jugendzeit oder aus Israel kannte. Doch auch wenn mir manches vertraut erschien, kamen mir diese Begegnungen unwirklich vor – schließlich führten Israel und Oman keine diplomatischen Beziehungen und es gibt auch keine jüdische Gemeinschaft im Oman.

Für den Deutschen muss das ein wenig komisch klingen, dass es Länder gibt, die keine diplomatischen Beziehungen miteinander führen, da Deutschland überall auf der Welt nicht nur Botschaften, sondern auch politische Stiftungen wie die Konrad-Adenauer-Stiftung und lokale Zweigstellen des Goethe-Instituts etabliert hat. Es existiert praktisch kein Fleck auf dem Globus, auf dem nicht irgendein deutscher Diplomat, Stiftungsleiter oder Deutschlehrer offiziell unterwegs ist. Nicht nur, dass er oder sie sich nicht fürchten muss – sie sind sogar herzlich willkommen.

Im Falle von Israel gegenüber der internationalen Staatengemeinschaft herrscht eine etwas andere Realität. Während Deutschland diplomatische Beziehungen mit allen ca. 200 Staaten der Welt pflegt und im aktiven Austausch steht, sind es bei Israel gerade mal ungefähr 100 Länder, mit denen ein offizieller Kontakt besteht. Der Oman gehört zu den Ländern, mit denen Israel keine Beziehungen hat, da sich der Oman, als Mitglied der Arabischen Liga, am Boykott des Staates Israel beteiligte, um den jüdischen Staat strategisch, militärisch und wirtschaftlich zu schwächen und ihn letztendlich zu zerstören.

Oman war also eher Feind als Freund. Und da sollte ich hin? Sofort gingen mir alle möglichen negativen Szenarien durch den Kopf. Vielleicht wollten Mitglieder einer Terrorbande oder sogar eines feindlichen Staates meine Kollegen und mich in einen Hinterhalt locken, weit weg von den Grenzen Israels. Vielleicht hatte man vor, uns zu entführen, um einen Gefangenaustausch zu verhandeln. Vielleicht waren die Terroristen einfach nur darauf aus, jüdisches Blut fließen zu lassen, als Racheakt für etwas, das Israel gemacht haben soll. In der Geschichte der Juden und Israels gibt es genügend Beispiele für derartige Situationen. Ich wusste, dass ich als Zielscheibe dienen konnte. Doch meine Neugier stieg weiter an.

Vor dem ersten Telefongespräch mit meiner Hauptkontaktperson in Maskat war ich ziemlich aufgeregt. Er hieß genauso wie einer meiner engsten Familienangehörige. Er machte schon im WhatsApp-Kontakt einen sehr netten Eindruck auf mich.

„Schalom Habibi", begrüßte ich ihn.

„Schalom Habibi", antwortete er.

Beide lachten wir in den Hörer hinein. Vom ersten Moment an war es, als ob es keine Hürden und Grenzen zwischen uns geben würde, geschweige denn einen Konflikt. Wir sprachen sehr offen miteinander und erzählten uns schon im ersten Gespräch ein wenig über unseren jeweiligen Alltag. Im zweiten Gespräch teilten wir einige Gedanken zum Nahen und Mittleren Osten und im dritten Gespräch ging es dann schon um die Kindererziehung. Es fühlte sich an wie Freundschaft!

Es gab auch absolut keinen Grund, nicht befreundet zu sein. Wir hatten so viele Gemeinsamkeiten, nahmen so vieles ähnlich wahr, standen gleichen Herausforderungen gegenüber. Nichts in aller Welt würde eine Feindschaft zwischen uns rechtfertigen. Nichts! Auch meine anderen omanischen Gesprächspartner waren äußerst freundlich und freuten sich auf das persönliche Kennenlernen.

Ich war Teil einer israelischen Delegation. Mit großer Vorfreude begaben wir uns zum Ben-Gurion-Flughafen. Direktflüge zwischen Israel und dem Oman gibt es natürlich nicht, wie auch, wenn keine diplomatischen Beziehungen zwischen den Ländern bestehen. So flogen wir zuerst nach Jordanien und von dort nach kurzem Aufenthalt mit der omanischen Fluggesellschaft Oman Air weiter nach Maskat. Schon im Flugzeug war klar, dass wir in eine komplett andere Region fliegen würden. Viele Passanten und Passantinnen sprachen entweder Arabisch und trugen eine Kopfbedeckung auf ihren Köpfen, wie ich sie nie vorher gesehen hatte, oder waren ursprünglich aus Indien. Im Oman, das hatte ich vor meinem Reiseantritt schon gelesen, war jeder zweite Mensch ein Migrant, größtenteils aus Indien. Das Gelesene ließ sich schon auf dem Hinflug nach Maskat mit eigenen Augen überprüfen. Irgendwie faszinierend. Und auch die Araber wirkten anders, als ich sie aus Berlin, Paris oder Israel kannte.

Kaum aus dem Flugzeug gestiegen, wurden wir von einer kleinen Gruppe von Einheimischen empfangen. Sie trugen traditionelle weiße Gewänder, die den ganzen Körper bedeckten, und hatten vorne am Gürtel einen Dolch hängen. Das kann man sich nicht ausdenken, dachte ich und versuchte, nicht allzu auffällig auf die Dolche zu starren. Nachdem wir in einem abgesonderten Bereich des Flughafens einen nach Wüste und Abenteuer riechenden Willkommenstee genießen durften, wurden wir in einer Autokolonne zum Hotel gefahren. Im Hotel wartete schon meine Hauptkontaktperson auf mich. Wir umarmten uns zur Begrüßung und setzten uns noch in die Lobby, während meine Kollegen ihre Koffer in die Zimmer brachten. Aus Sicherheitsgründen, so mein neuer omanischer Freund, empfehle er uns, nicht auf eigene Faust die Stadt zu erkunden, sondern höchstens in Begleitung des omanischen Sicherheitsteams, das uns rund um die Uhr zur Verfügung stehe. Unter keinen

Umständen sollten wir uns eigenständig an abgelegene Orte oder auf den Markt begeben.

Unsere Gastgeber hatten sich im Vorfeld natürlich auch über uns und die Israelis im Generellen erkundigt und wussten deshalb, dass Israelis nicht nur überdurchschnittlich abenteuerlich sind und es lieben, Neues zu erkunden, sondern auch immer einen Weg finden, diesem Drang gerecht zu werden – auch wenn es gefährlich ist. Eines der geläufigsten israelischen Sprichwörter besagt: Wenn es nicht durch die Tür geht, dann eben durchs Fenster.

So fuhren wir schon an unserem Ankunftstag, in einer Autokolonne, mehrere Ziele in und um Maskat besuchen. Auf dem Markt im Oman schwebten andere Gerüche in der Luft, ansonsten war er aber ähnlich belebt und voller Farben wie in Istanbul und dem muslimischen Viertel in der Jerusalemer Altstadt. Auch Dolche gab es dort zu erwerben. Wir fuhren an mehreren religiösen Institutionen vorbei, hielten aus Sicherheitsgründen jedoch nicht an. Am Ende unserer Tourismus-Spritztour erreichten wir eine alte Burg, irgendwo in der endlosen Wüste dieses aufregenden Landes. Wir liefen hoch in die Burg und dann hinunter in die unterirdischen Gänge. Zwischen den Gängen gab es hin und wieder auch Sitzplätze. Auf einem dieser Sitzgelegenheiten saß ein älteres weißhaariges Paar, dass in seiner Ruhe gestört wurde, als mehrere laute Israelis an ihnen vorbeiliefen. Mir war sofort klar, dass es sich um ein deutschsprachiges Paar handelte – ich erkannte es an ihrem Blick, in dem eine leichte Empörung zu sehen war, und die hochgezogenen weißen Socken, die der Mann mit offenen Sandalen trug, ließen keinen Zweifel übrig. Ich stellte mich in ihre Nähe, um ihr Gespräch zu belauschen. Ich war gespannt auf ihre Reaktionen.

Dann hörte ich den Mann zu seiner Frau sagen: „Das sind Israelis. Der Oman und Israel führen doch überhaupt keine Beziehungen. Wie kommen die hierher?" Der zuvor empörte Gesichtsausdruck seiner Frau verwandelte sich in einen verwunderten. Sie schauten um sich herum und beobachteten meine Kollegen und Kolleginnen.

Die Frau sagte: „Schau, die haben sogar omanische Begleiter dabei. Muss etwas Wichtiges sein", und bemerkte plötzlich, dass ich hinter ihnen stand und nicht weiterlief. Sie stupste ihren Mann an und beide drehten sich in meine Richtung.

Ich lächelte sie an und sagte: „Mein Name ist Arye, ich bin ursprünglich aus Berlin, bin heute aber als Teil dieser israelischen Delegation hier. Wo kommt ihr denn her?" Das Ehepaar lächelte mich sehr freundlich an und der Mann antwortete: „Wir sind aus Österreich. Wir waren auch schon in Israel und haben auf den ersten Blick erkannt, dass ihre Kollegen aus Israel sind. Außerdem kann man sie nicht überhören. Das meine ich nicht böse. Es ist so, wie es ist."

Ich musste laut lachen und das Ehepaar lachte mit mir. „Ihr habt Recht", sagte ich, „Israel und Oman führen keine Beziehungen miteinander. Doch wie ihr sehen könnt, bestehen Kontakte. Leider nur unter dem Teppich. Aber sie bestehen. Ihr seid heute Zeugen davon und könnt es euren Freunden in Österreich erzählen. In den Medien wird es darüber nämlich kein Wort geben."

Meine Kollegen waren schon längst weiter und ich durfte nicht den Anschluss verlieren, so verabschiedete ich mich zügig und wir wünschten uns alles Gute. Als ich schon loslief, rief mir die Frau noch hinterher, dass ich sie sehr glücklich gemacht habe. Sie habe gesehen, dass Frieden doch möglich sei.

Während meines Omanaufenthaltes besuchte ich auch eine internationale Konferenz. Aus allen Windrichtungen waren Aussteller und Besucher eingetroffen. Eine tolle Atmosphäre, wenn die ganze Welt, alle Hautfarben, Religionen und ethnischen Gruppen sich an einem Ort treffen und friedlich und in gegenseitigem Respekt miteinander umgehen. Irgendwie idyllisch. Eine Art Traumwelt.

Ich war wahrscheinlich geblendet von der guten Stimmung, sodass ich mich nach weiteren Kandidaten, mit denen Israel keine diplomatischen Beziehungen führte, umschaute. Wenn das Gespräch mit den Omanis so locker funktionierte, wieso dann nicht auch mit Vertretern anderer Länder? Ich wollte es einfach ausprobieren und begab mich auf die Suche nach Libanesen. Mein Bauchgefühl sagte mir, dass hier in Maskat, weit weg von der israelisch-libanesischen Grenze, einem netten Austausch nichts im Wege stehen sollte. Ich erinnerte mich zurück an eine Schiffsfahrt am Bosporus, auf der meine Frau und ich neben einem libanesisch-syrischen Paar saßen. Die libanesische Frau sagte uns, dass sie so gerne Jerusalem besuchen würde, und ich sagte ihr, dass eines meiner Traumziele auf der Welt Beirut sei. Wir waren uns einig, dass es absolut keinen Grund für Feindschaft und Krieg zwischen unseren Völkern und Staaten gebe. So nah und doch so verdammt fern.

Ich erblickte zwei ältere Männer in grauen Anzügen, die auf mich wie Libanesen wirkten. Ich ging auf sie zu. Sie lächelten mich an, als ich mich vor sie stellte und sie fragte: „Hello, where are you from?“

Einer der Männer antwortete freundlich: „We are from Irak.“ Dann war es still. Sie musterten mich und warteten auf eine Reaktion von mir. Da ich ein wenig überrascht war, dass ich zwei irakischen Männern, die mit großer Wahrscheinlichkeit für den irakischen Staat arbeiten, gegenüberstand, verschlug es mir erst einmal die Worte.

Dann fragte der zweite Mann: „And where are you from?", woraufhin ich antwortete: „My name is Arye. I am from Israel. It is a pleasure to meet you." Zu meiner bitteren Enttäuschung verging den zwei Männern beim Wort „Israel" schon ihr Lächeln, und bis ich ans Ende meiner Antwort kam, hatten sie mir den Rücken zugedreht und gingen davon. Ohne sich zu verabschieden.

So stand ich plötzlich alleine da und schaute dumm aus der Wäsche. Ich fühlte mich wie ein Vollidiot. Meine Seifenblase war in der Luft zerplatzt – ganz so schnell schien es mit der Annäherung zwischen Juden und Muslimen, Israel und bestimmten arabischen Staaten nicht zu funktionieren. Ich schien kurz verdrängt zu haben, dass die Medaille zwei Seiten hat.

Am letzten Abend, an dem ich mit drei Kollegen von einem Sicherheitsmann durch Maskat gefahren wurde, bat ich den Fahrer, bei McDonald's anzuhalten. Ich wollte auch einen Hauch „authentisches" Oman erleben, ohne Sicherheitspersonal und ohne Sicherheitsvorkehrungen. Wo wäre das besser möglich als bei McDonald's?

Zu meinem Erstaunen tat der Fahrer, worum ich ihn gebeten hatte, und so saßen wir vier Israelis kurze Zeit darauf an einem Tisch, mitten im Restaurant, mitten in Maskat. Ohne Bodyguards. Wir aßen und tranken und sprachen laut auf Hebräisch. Ich schaute um uns, um Reaktionen zu sehen. Es gab teils verstörte Blicke, teilweise lächelte man uns an. Ich hatte keine Ahnung, ob irgendjemand uns als Israelis einordnen konnte. Ich dachte mir, wenn das ältere Ehepaar aus Österreich es konnte, warum dann nicht auch ein Omani, der neben uns am Tisch sitzt? Es fiel mir schwer, die Situation konkret einzuschätzen, jedoch berührte mich diese eine Stunde im McDonald's am meisten an meinem Besuch im Oman.

Es waren Momente der Freiheit. Der Gleichheit. Der Vernunft. Der Freundschaft und des Friedens. Die Situation rührte mich zu Tränen. Warum kann nicht genau das das neue Normal sein?

Es ist höchste Zeit für eine Zeitenwende!

Treffen mit Omanis

11 Die Vereinigten Arabischen Emirate: Kein kalter Frieden, sondern eine wahre Freundschaft

Eine Zeitenwende zwischen Israel und der muslimischen Welt wäre ein globales historisches Ereignis. Keine Frage! Doch woran macht man eine Zeitenwende fest? Wie erkennt man sie? Wann ist der Zeitpunkt gekommen, eine Zeitenwende öffentlich zu thematisieren – ohne sich entschuldigen zu müssen, ohne sich unsicher zu sein und ohne vorgehaltene Hand?

Mein Besuch im Oman hat mir zum ersten Mal die „andere Realität" vor Augen geführt. Man könnte von einer parallelen Realität sprechen, in der Beziehungen zwischen Juden und Muslimen auf ganz hoher Ebene stattfinden, obwohl der Oman nach wie vor zumindest offiziell Teil eines gesamtarabischen Israel-Boykotts und einer Nichtanerkennungspolitik der arabischen Welt ist. Für den nicht involvierten Beobachter deuten eigentlich alle Zeichen darauf hin, dass es absolut keinen Kontakt zwischen Oman und Israel bzw. zwischen Muslimen im Oman und Juden gibt.

Doch der Schein trügt. Ich bin Zeuge. Leider findet dieser Kontakt bisher nur diskret statt – ohne Medienpräsenz, ohne offizielle Veranstaltungen, als wenn es nach wie vor keinen Kontakt gäbe. In dem Sinne kann man noch nicht von einer Zeitenwende sprechen.

Das ist aus meiner Sicht natürlich äußerst bedauerlich, doch auch verständlich, da der Oman auf der arabischen Halbinsel im Schatten seiner mächtigen Nachbarn Saudi-Arabien und den Vereinigten Arabischen Emiraten steht. Solange die „großen Brüder" sich nicht Israel und der jüdischen Welt annähern, warum sollte es der Oman?

Doch dann geschah etwas, das viele Menschen auf der ganzen Welt, insbesondere im muslimisch dominierten Nahen Osten, überrascht hat. Die Vereinigten Arabischen Emirate fingen an, sich öffentlich positiv bezüglich Israel und dem jüdischen Volk zu äußern. Dieses „Outing" der Machthaber in den VAE war selbstverständlich keine spontane Nacht-und-Nebel-Aktion, sondern ein über längere Zeit geplanter Schritt, abgesprochen mit den Amerikanern und bewilligt durch die Saudis. Denn ohne die Erlaubnis der sunnitischen Hochburg Saudi-Arabien wäre es nicht dazu gekommen. Und ohne den Druck aus Washington, die den Emiratis unter die Arme gegriffen und sie überzeugt haben, ein unmissverständliches Zeichen für Versöhnung und Frieden zwischen Muslimen und Juden zu setzen, wäre es wahrscheinlich auch nicht dazu gekommen.

Plötzlich ging alles sehr schnell. Am 13. August 2020 gaben die USA, Israel und die VAE in einer gemeinsamen Erklärung bekannt, dass Israel und die VAE sich auf eine „Normalisierung" ihrer Beziehungen geeinigt hätten. Am 15. September 2020, also gerade einmal vier Wochen später, trafen dann schon die Staatschefs bzw. Außenminister von Israel, den Vereinigten Arabischen Emiraten und auch Bahrain gemeinsam und Seite an Seite auf einer Zeremonie in Washington mit dem Präsidenten der Vereinigten Staaten von Amerika zusammen und gaben feierlich bekannt, dass ab sofort Frieden zwischen den Staaten bestehen werde.

Dieser am 15. September unterzeichnete Friedensvertrag, der den Namen „Abraham Accords" trägt, stellt meines Erachtens eine eindeutige Zeitenwende dar. Es ist der langersehnte Frieden, die langersehnte

Annäherung, die langersehnte Normalisierung zwischen Israel und zumindest Teilen der arabischen Welt und zwischen Juden und arabischen Muslimen.

Es ist das erste Mal, dass arabische Staaten, die nicht direkt in kriegerischen Handlungen mit Israel verwickelt waren, sich unzweideutig gegen den Boykott des jüdischen Staates ausgesprochen haben. Es ist das erste Mal, dass arabische Staaten, die zentrale Mitglieder der Arabischen Liga sind, den jüdischen Staat Israel anerkannt haben. Wenn das keine Zeitenwende ist, was ist es dann?

Ja, Pessimisten und Zyniker, von denen es leider genug gibt, haben Gründe, die Bedeutung der Abraham Accords in Frage zu stellen. Sie fragen berechtigterweise, ob es nur bei der Zeremonie bleiben wird oder ob Taten folgen werden. Sie fragen sich, ob die Annährung Früchte tragen wird, auch wenn die Amerikaner den Fuß vom Gaspedal nehmen. Und sie fragen sich, ob die Normalisierung überhaupt zustande gekommen wäre, gäbe es nicht die gemeinsame Bedrohung aus Teheran. Und was, wenn sich Dinge im Iran ändern sollten? Werden Bahrain und die VAE dann nach wie vor an den Abraham Accords festhalten und sich für eine arabische und muslimische Normalisierung mit Israel aussprechen?

Die Antworten auf diese und andere Fragen stehen aus. Time will tell. Es ist eine neue Entwicklung – eben eine Zeitenwende –, die in den Startlöchern steht und sich langsam nach vorne bewegt. Der Weg wird voller Hürden sein. Hürden von Extremisten, Rassisten, Faschisten, Antisemiten und überzeugten Friedensverweigererern.

Doch die Katze ist aus dem Sack: Der Friedensvertrag ist feierlich unterzeichnet worden. Das ist ein Fakt und der wesentliche Gamechanger, der nicht reduziert oder relativiert werden sollte. Er sollte nicht „nur" in der arabischen und muslimischen Staatengemeinschaft den Status Quo bezüglich den Juden und Israel ändern, sondern es wäre auch wünschenswert, dass diese Zeichen auch in Europa, insbesondere in Deutschland, stärker wahrgenommen werden, als positive Entwicklung, die sich parallel zum allseits bekannten „Nahostkonflikt" vollzieht.

Leider jedoch scheint das nicht der Fall zu sein. Die Abraham Accords und somit die positiven Veränderungen in den Beziehungen zwischen Israel und der arabischen Welt, zwischen Juden und Muslimen, werden so gut wie nicht wahrgenommen. Man hat vielleicht irgendwo irgendetwas gelesen, das mit einer eventuellen Annäherung zwischen Israel und bestimmten arabischen Staaten zu tun hat, jedoch nur vage und ohne eine stabile Meinung diesbezüglich entwickelt zu haben. Der allseits bekannte „Nahostkonflikt" hingegen ist dem deutschen Beobachter der Situation in Nahost immer wieder aufs Neue präsent, wenn es zu palästinensischen Terroranschlägen in Israel und der darauffolgenden Reaktion der israelischen Sicherheitsbehörden kommt.

Es scheint, als würde die in vielen Köpfen seit Jahrzehnten festgefahrene Nahost-Wahrnehmung nicht einmal eine kleine Erschütterung davongetragen zu haben. Als hätten die Abraham Accords kaum etwas mit „dem Nahostkonflikt" zu tun. Dabei häufen sich in den sozialen Netzwerken Bilder von Juden und Muslimen, Israelis und Emiratis, die gemeinsam in die Kamera lächeln und für Freundschaft und Frieden werben. Dabei äußern sich führende Persönlichkeiten der VAE, Israel und der jüdischen Weltgemeinschaft unübersehbar positiv über die authentischen Beziehungen zwischen Juden und Arabern. Dabei fliegen mehr israelische Minister nach Abu Dhabi und Dubai als sonst wohin auf der Welt, um Handelsabkommen in den verschiedenen Bereichen zu unterschreiben und das Friedensabkommen mit Sinn und Leben zu füllen. Dabei leben mittlerweile mehrere Tausend Juden in den Vereinigten Arabischen Emiraten, mehr als sonst wo in der arabischen Welt, haben Synagogen und Gemeindezentren aufgebaut und führen ein friedliches Leben Seite an Seite mit ihren muslimischen Gastgebern.

Dank dem Friedensabkommen können auch israelische Touristen die Vereinigten Arabischen Emirate besuchen. Mehrere wöchentliche Direktflüge aus Israel nach Dubai sind in der Regel ausgebucht. Der Israeli hat insbesondere Dubai als attraktives Reiseziel entdeckt. Wer seit der Unterzeichnung des Friedensabkommens in Dubai war, der wird nicht darum herum gekommen sein, ob in der Hotellobby oder im Einkaufszentrum, israelische Besucher laut Hebräisch sprechen zu hören.

Findet das alles etwa statt, ohne dass die deutschen und europäischen Nahost-Experten davon Wind bekommen haben? Ist ihnen all das entgangen? Wie ist das möglich? Vielleicht hat auch das mit der eigenen Vergangenheit zu tun. Vielleicht lassen sich die grausamen Taten der Eltern oder Großeltern besser verarbeiten, wenn man an seinem Bild vom „Nahostkonflikt" festhält und sich nach wie vor auf die Palästinenser konzentriert, während alles andere, was um Israel herum passiert, nebensächlich ist.

Doch genau das ist falsch! Denn es passieren auch sehr viele positive Dinge, die sehr wohl mit Israel zu tun haben und die es verdient haben, auf mehr Aufmerksamkeit zu stoßen. Allen voran eine ehrliche Freundschaft zwischen Israelis und Emiratis, zwischen Juden und Arabern, zwischen Juden und Muslimen, die sich entwickelt und hoffentlich andere in der Region anstecken wird. Mich zumindest hat sie angesteckt, vom ersten Moment an, als ich den Boden der Vereinigten Arabischen Emirate betrat.

Freunde und Arbeitskolleginnen hatten mich vorgewarnt. Sie sagten: „Du wirst es nicht glauben, aber du wirst dich willkommener und sicherer als in manchen europäischen Staaten fühlen." Das klang ziemlich übertrieben, dachte ich mir, schließlich sind die VAE ein arabisches und muslimisches Land, mitten auf der arabischen Halbinsel, Nachbar und engster Verbündeter der einflussreichen Saudis. Warum also sollte ich mich als jüdischer Israeli willkommen und sicher fühlen können? In welchem arabischen und/oder muslimischen Staat kann sich ein jüdischer Israeli schon sicher fühlen? Die bittere Realität ist: in keinem.

Das liegt aber nicht daran, was die Juden oder Israel tun oder getan haben; es liegt daran, dass sie Juden und Israelis sind. Schuld an diesen Verhältnissen ist demnach einzig und allein die radikale häusliche Erziehung vieler Muslime. Von Indonesien über Afghanistan, Jemen und Syrien bis hin nach Tunesien – überall werden schon kleine Kinder mit antisemitischen Erzählungen indoktriniert. Erzählungen, die ihre Anfänge beim Propheten Mohammed haben, der von den Juden nicht als Prophet anerkannt wurde und sich an ihnen rächte, indem er ihre Stämme auslöschte. Erzählungen über Juden als staatenlose Wanderer, die Krankheiten verbreiten. Und schließlich aktuelle antisemitische Erzählungen über Juden, in Gestalt israelischer Soldaten, die muslimische Kinder töten und die Religionsfreiheit der Muslime in Jerusalem, einem der heiligsten Orte für die Muslime, einschränken.

Doch meine Freunde und Arbeitskolleginnen hatten Recht. Die VAE sind der erste arabische Staat, in dem ein jüdischer Israeli sich nicht nur sicher, sondern auch willkommen fühlt. Zeitenwende!

Bei meinem ersten Besuch in den VAE stieg ich in Dubai aus dem Flugzeug. Auf dem ersten Blick kam ich mir vor, als sei ich in Indien gelandet. Auf dem zweiten Blick in Pakistan. Ich nahm keine in traditioneller Tracht gekleideten Araber wahr. Nicht einen einzigen. Hunderte indisch aussehende Mitarbeiter waren über den gesamten Flughafenbereich verteilt und waren dafür verantwortlich, Besuchern den Weg zu weisen. Bis ich an die Passkontrolle kam, begegnete ich keinem einzigen Araber. Dann aber, in der Schlange zur Passkontrolle, plötzlich die Überraschung: Alle Schalter waren besetzt mit arabischen Männern, die in der emiratischen weißen Nationaltracht, der Dishdasha und der lokalen Kopfbedeckung, bestehend aus Gahfiya, Ghutra und der schwarzen Kordel Agal, gekleidet waren. Es gab ungefähr 20 Passkontrollschalter und alle besetzt mit Arabern, während die Mitarbeiter im Flughafenbereich ausschließlich Nichtaraber waren. So konnte ich schon am Flughafen feststellen, dass es in den Vereinigten Arabischen Emiraten eine ganz klare Aufgabenverteilung zwischen lokalen Arabern und Gastarbeitern gibt.

Dem Passkontrolleur reichte ich meinen israelischen Pass. Er lächelte mich an, blätterte im Pass herum und bat mich, für ein Foto in eine am Pult angebrachte Kamera zu gucken. Danach gab er mir meinen Pass zurück, lächelte mich an und sagte: „Schalom, Habibi! Enjoy your stay."

Am liebsten hätte ich den Passkontrolleur umarmt und auf die Wangen geküsst. Es ist also kein Traum. Freundschaft und Frieden sind wirklich möglich. Mit Vorfreude auf viele positive Begegnungen lief ich aus dem Flughafen heraus und setzte mich in ein Taxi. Der Taxifahrer war ein Gastarbeiter aus Bangladesch und stellte sich mir als Munif (Name geändert) vor. Er war äußerst gesprächig, so wie viele Taxifahrer. Eine kurze

Frage von mir hatte gereicht, ihn dazu zu veranlassen, mir auf dem Weg zum Hotel einen freiwilligen Crashkurs in Sachen VAE, mit Betonung auf die demografische Lage, zu geben. Als Erstes erzählte er mir, dass ca. zwei Drittel aller Menschen in den Emiraten ursprünglich aus dem indischen Subkontinent stammen, sprich aus Indien, Pakistan und Bangladesch. Das restliche Drittel sei unterteilt in Asiaten, Afrikaner, aus dem Westen stammende Amerikaner und Europäer und zu guter Letzt lokale Araber. Muslimische Araber stellen in den VAE also nur ca. 10 Prozent der Gesamtbevölkerung dar. Das kann man auch im Internet nachlesen, doch wirkt es ziemlich unglaubwürdig, bis man sich nicht selbst vor Ort einen Eindruck macht und es sich von einem aus Bangladesch stammenden Taxifahrer erzählen lässt. So regieren also 10 Prozent der Bevölkerung die restlichen 90 Prozent. An sich keine außergewöhnliche Situation für ein arabisches Land, denn auch im Irak, Jordanien, Oman und Saudi-Arabien regieren wenige über viele, mit dem Unterschied, dass es in der Regel eine Herrschaft von einer kleinen muslimischen Elite über eine muslimische Mehrheit ist. Im Falle der Emirate handelt es sich jedoch um eine kleine muslimische Elite, die eine große Mehrheit von Nichtmuslimen regiert. Das ist wahrscheinlich nirgendwo anders so offensichtlich wie in den Emiraten und hat höchstwahrscheinlich auch die lokalen Araber beeinflusst. Der intensive Kontakt zu verschiedenen Kulturkreisen hat die emiratischen Muslime ganz offensichtlich zu weltoffeneren Menschen gemacht. Daher ist es eigentlich keine Überraschung, dass die Emirate auch bezüglich der Juden und Israel eine weltoffenere Attitüde an den Tag legen und ihre Hand zum ehrlichen Frieden ausgestreckt haben.

Munif erzählte mir weiter, dass ein Großteil der Gastarbeiter, obwohl teilweise seit vielen Jahren im

Lande, kaum Arabisch sprechen kann und mit der lokalen arabischen Bevölkerung auf Englisch verkehrt. Auch das ist meines Erachtens ein eindeutiges Zeichen dafür, dass die lokale Bevölkerung für Kulturenvielfalt sensibilisiert ist, da sie im Alltag gezwungenermaßen auf einer Fremdsprache verkehren muss und somit täglich aus ihrer eigenen kulturellen Blase heraus muss. Darüber hinaus ließ mich Munif wissen, dass es in den Emiraten eine Art Null-Toleranz-Politik gegenüber radikalen Islamisten und Kriminalität gebe, was zur Folge habe, dass es in den Emiraten kaum Kriminalität und kaum radikale Islamisten gebe. Die lokalen Araber seien in der Regel so wohlhabend, sodass sie wenig bis gar nicht anfällig für radikalislamische Hetze seien, während die Gastarbeiter sich nicht trauen würden, ein Verbrechen zu begehen, da sie dann des Landes verwiesen werden würden.

Die Fahrt zum Hotel dauerte nicht einmal eine halbe Stunde, doch in dieser kurzen Zeit erfuhr ich alles über die Emirate, was ich wissen musste, um das Land und seine Menschen zu verstehen. Es ist ein Land, in dem Toleranz eine große Rolle zu spielen scheint. Auch wenn die verschiedenen Kulturen wenig miteinander zu tun haben, so leben sie zumindest Seite an Seite in kooperativer Atmosphäre, und das ist schonmal ein ziemlich weiter Schritt nach vorne, wenn man vergleicht, wie intolerant die Menschen in vielen Bereichen der muslimisch geprägten Region, von Indonesien bis nach Westafrika, leider nach wie vor sind. In den Emiraten bedeutet Weltoffenheit und Toleranz nicht unbedingt, dass alle dieselben Chancen auf Erfolg haben oder alle Tätigkeitsbereiche jedem offen stehen. Ganz und gar nicht. Jedoch können sich die Nichtmuslime, wie gesagt die große Bevölkerungsmehrheit, ein Leben aufbauen und darauf zählen, dass die lokalen Sicherheitsbehörden sie nicht diskriminieren und sie im Ernstfall beschützen werden.

Genau das ist auch das Gefühl, das die jüdische Gemeinschaft in den Emiraten hat. Die meisten Juden haben sich in Dubai angesiedelt und man könnte sagen, sie zählen zu der westlichen Elite des Landes, die oftmals im Bereich des internationalen Business beschäftigt ist. Die arabischen und westlichen Eliten sind stark miteinander verflochten und kooperieren im Namen der Emirate. Aus meiner Sicht ein klares Erfolgsrezept. Auch wenn man dieses Modell nicht wirklich mit Israel vergleichen kann, so gibt es doch gewisse Ähnlichkeiten. Denn in beiden Ländern spielen die Kulturenvielfalt, die vielen Sprachen und die Wechselbeziehungen mit vielen Ländern rund um den Globus eine zentrale Rolle.

Ich fühlte mich sicherer als je zuvor in einem anderen arabischen Land. Während ich im McDonald's im Oman versuchte, die Blicke meiner Tischnachbarn zu analysieren, saßen zwei Freunde und ich in einem ausgebuchten libanesischen Restaurant mitten in Dubai und lachten laut auf Hebräisch, ohne auch nur im geringsten Sorge vor negativen Reaktionen zu haben. Um uns herum saßen und lachten ausschließlich lokale Muslime, teils sehr modern angezogen, teils mit Kopftuch bedeckt, die überhaupt kein Problem damit zu haben schienen, dass am Tisch nebenan Israelis saßen. Aus Erfahrung weiß ich, dass wir drei Israelis uns in keinem einzigen libanesischen Restaurant in der Bundesrepublik so willkommen gefühlt hätten wie in Dubai.

Es war kein Traum. Es geht Seite an Seite. Warum auch nicht? Zu viele Menschen glauben, dass es nicht gehe, weil der „Nahostkonflikt" über allem schwebe und eine wahre Freundschaft nicht zulassen könne. Ich fühlte während meines Besuches, dass das nicht stimmt. Im Gegenteil.

In meinen Gesprächen mit den Emiratis (damit meine ich die arabisch-muslimischen Emiratis) fiel ein Wort nicht: Palästina. Die Palästinenser und der ganze Komplex „Palästina" schienen allem Anschein nach kein Gesprächsthema zu sein. Wir sprachen über die Haltung der Amerikaner, den Einfluss der Russen, die Gefahr aus Teheran und die radikalislamischen Terrorgruppen, wirtschaftliche und technologische Zusammenarbeit und vieles mehr. Kein einziges Wort über die Palästinenser. Das fand ich beim ersten Gespräch verwunderlich. Beim zweiten Gespräch fragte ich mich, ob ich vielleicht etwas verpasst hätte, und beim dritten Gespräch verstand ich, dass es kein Zufall war. Die Emiratis wollen eine positive bilaterale Beziehung zwischen den VAE und Israel fördern, ohne dass das Thema „Palästina" dem im Weg stand. Ich fragte dennoch öfter nach, ob sie in irgendeiner Weise eine Einstellung zu den Palästinensern und dem „Nahostkonflikt" hätten, weil ich es einfach nicht wahrhaben wollte, dass es Araber gibt, die mit Israelis Gespräche führen können, ohne sich von der „palästinensischen Sache" ablenken oder beeinflussen zu lassen. Meine Gesprächspartner waren sichtlich darüber amüsiert, dass gerade die israelische Seite das Thema „Palästinenser" ansprach, und sagten, dass sie den Palästinensern seit Jahrzehnten unter die Arme greifen und sie finanziell unterstützen würden, diese jedoch jeden Friedensvertrag mit Israel abgelehnt und viele Muslime, die ein Ende des Konfliktes wünschen, enttäuscht hätten. Israel habe mehrmals bewiesen, dass es Frieden möchte, doch radikale Islamisten hätten es bevorzugt, Raketen auf Israel abzufeuern. Da mittlerweile auch die Vereinigten Arabischen Emirate von Raketen aus dem Jemen beschossen werden, können sich die Emiratis noch besser mit den Israelis verständigen.

Beide Seiten verstehen, dass die Anliegen der Palästinenser nicht zusammenschweißen, sondern spalten. Die Bedrohung von Seiten der iranischen Ayatollahs und Revolutionsgarden beeinträchtigt sowohl die Israelis als auch die Emiratis, und beide Seiten verstehen, dass man sich näher kommen sollte, um dieser Gefahr gemeinsam entgegenzutreten. Eine gemeinsame Vorgehensweise ist umso ratsamer in Angesicht der Tatsache, dass die Amerikaner sich langsam, aber sicher aus der muslimischen Region zurückziehen und man somit immer mehr auf sich selbst gestellt ist. Dennoch, so meine emiratischen Freunde und Arbeitskollegen, wäre eine Verständigung mit den Palästinensern sehr wünschenswert, in erster Linie, um denen, die aufgrund des Konfliktes mit den Palästinensern jede Versöhnung und Annäherung mit Israel und den Juden ablehnen, die Grundlage ihrer Argumentation zu entziehen.

Die muslimische Weltgemeinschaft erwartet von den Emiratis, wie von allen Arabern weltweit, sich solidarisch mit den palästinensischen Glaubensbrüdern zu zeigen. Das haben die Emiratis auch über viele Jahre getan. Kaum ein Land griff so tief in die eigene Tasche, um die Palästinenser zu unterstützen. Die Sicherheitslage hat sich jedoch so dramatisch geändert, dass neue Bündnisse geschlossen werden und Israel als lokale Supermacht dabei ein gern gesehener Partner ist. Nicht nur, um der gemeinsamen Gefahr aus dem Iran etwas entgegensetzen zu können, sondern auch, weil Israel in vielen Technologiebereichen ganz weit vorne mitspielt und bereit ist, sein Knowhow mit seinen neu gewonnenen arabischen Freunden zu teilen – in der Hoffnung, dass die Früchte des Friedens zahlreich sein werden und ein positives Lauffeuer in der Region entfachen wird, denn auf Nachahmung hoffen sowohl die Israelis als auch die Emiratis.

Zurück in Israel konnte ich nicht anders, als meinem Umfeld von einer Zeitenwende in den Beziehungen zwischen Juden und Muslimen, Israel und arabischen Staaten zu erzählen. Skepsis und zynische Bemerkungen gab es leider auch, aber wer nicht vor Ort war, der kann meine Emotionen auch nicht wirklich nachvollziehen.

Äußerst bedauerlich ist, dass die Emirate aufgrund ihrer Annäherung zu den Juden und Israel von vielen Palästinensern und auch israelischen Arabern als Verräter abgestempelt werden. Und dass, obwohl weiterhin Geld aus den VAE an die Palästinenser fließt. Ein hochrangiger emiratischer Diplomat, der in Israel positioniert ist, erzählte mir vor nicht allzu langer Zeit, dass ihm in einigen Moscheen in Israel Hausverbot erteilt worden sei, dass radikale Muslime in Israel ihn zur Persona non grata erklärt hätten und er unerwünscht sei.

Ein derart sinnloser Hass sogar Muslimen gegenüber, die für Frieden sind, bekräftigen ihn und seine Regierung, dass der einzige Weg für eine bessere Zukunft für alle Freundschaft und Frieden ist.

Auf der EXPO in den Vereinigten Arabischen Emiraten

12 Geschichte schreiben im Sudan

Eine Zeitenwende vollzieht sich aktuell nicht „nur" in jüdisch-arabischen Beziehungen, sondern auch in der Normalisierung der Beziehungen zwischen der gesamten muslimischen Welt und Israel. Eines der Haupthindernisse auf dem Weg zur Normalisierung der Beziehungen zwischen Juden und Muslimen, zwischen Israel und großen Teilen der muslimischen Staatenwelt war bis vor kurzem die Khartum-Resolution vom 1. September 1967, die direkt im Anschluss an den Sechs-Tage-Krieg verfasst worden war. Es war ein panarabisches Abkommen gegen Israel, das aufgrund seiner „Three No's" bekannt wurde: Kein Frieden mit Israel, keine Anerkennung Israels, keine Verhandlungen mit Israel.

Khartum, die Hauptstadt des Sudan, stellte deswegen über viele Jahre eines der Symbole gegen Annäherung und Frieden dar. Anfang des neuen Jahrtausends versuchte die Arabische Liga, die Karthum-Resolution durch eine neue Friedensinitiative abzulösen, die jedoch zum Scheitern verurteilt war.

Ganze Generationen in weiten Teilen der muslimischen Welt sind mit dieser Null-Toleranz- und Null-Chance-zum-Frieden-Attitüde von Khartum aufgewachsen. Israel wurde als der Feind der „muslimischen Weltgemeinschaft" deklariert. Bis heute wird diese Tradition in bestimmten radikalislamischen Gemeinden fortgesetzt. Der Aufhänger ist in der Regel Jerusalem, der drittheiligste Ort für die gesamte islamische Religionsgemeinschaft, von dem die „Zionisten" die Muslime angeblich verbannen wollen. So gehen immer wieder radikalisierte Muslime auf die Barrikaden, um den heiligen Ort und die Al-Aqsa-Moschee zu verteidigen.

Das alles ist natürlich eine Riesenlüge und spielt nur radikalen Kräften in die Hände. Auch auf jüdischer Seite. Denn jedes Mal, wenn es zu Ausschreitungen, Terror und Krieg kommt, dann verlieren noch ein paar mehr Juden die Geduld und die Hoffnung auf Freundschaft zwischen den Religionsgemeinschaften und Völkern und biegen politisch rechts ab.

Der Sudan, das drittgrößte Land Afrikas, ein von Bürgerkrieg geplagtes und armes Land, ist sicherlich kein Ort, der auf der Wunschliste von vielen Weltenbummlern steht. Falls der Sudan in den Nachrichten erwähnt wird, dann ausschließlich mit negativem Bezug. Es geht dann entweder um den sudanesischen Diktator und Massenmörder Omar al-Bashir oder um das Land als Terrorzentrale Afrikas. Der Sudan soll ein großer Umschlagsplatz für Waffen sein, die in alle Teile Afrikas und bis nach Gaza geschmuggelt werden. Überhaupt soll Khartum zu den gefährlichsten Städten der Welt gehören. Ausländer sollten sich lieber fernhalten, es sei denn, sie sind lebensmüde.

Der Sudan war somit alles andere als ein Ort, an dem Juden sich sicher fühlen könnten. Eine Normalisierung mit Israel schien für mich genauso unrealistisch wie mit der Islamischen Republik Iran oder der Hamas. Doch ich sollte eines Besseren belehrt werden.

Im Anschluss an die Abraham Accords zwischen Israel und den Vereinigten Arabischen Emiraten und Bahrain tauchten plötzlich immer öfter Meldungen über Gespräche zwischen Israel und dem Sudan auf. Mal vernahm ich das eine oder andere auf der Arbeit, mal twitterte ein Journalist etwas, doch als auch ein Freund von mir, der beruflich mit der Region zu tun hat und hin und wieder auch für ein paar Tage nicht zu erreichen ist, mir erzählte, dass tatsächlich ein Momentum zwischen den Staaten existiert, wusste ich: Da ist was dran. Noch ehe ich die aufregenden Neuigkeiten verarbeiten konnte, wurde ich auf meiner Arbeit informiert, dass es schon sehr bald nach Khartum gehen sollte.

Das Jahr 2021 hatte erst vor wenigen Wochen begonnen und ich war schon voller Zuversicht, dass es im neuen Jahr zu weiteren Annäherungen, Versöhnungen und Frieden zwischen Juden und Muslimen, Israel und der muslimischen Welt kommen würde. Das Momentum, durch den amerikanischen Präsidenten Trump und sein Nahost-Team vorangetrieben, musste mit allen nur erdenklichen Mitteln genutzt werden. Diese Chance durfte unter keinen Umständen vergeben werden.

Falls der Sudan und Israel Frieden miteinander schließen sollten, dann würde das eine unmittelbare Auswirkung auf eine ganze Reihe von muslimisch-afrikanischen Staaten haben. Höchstwahrscheinlich würde ein Fortschritt, wie beim Domino, weitere Staaten an den Tisch bringen. Ein weltweit zentraler Terrorstützpunkt gegen alles Jüdische könnte beseitigt werden. Raketenteile könnten nicht mehr aus dem Iran über den Sudan durch die Sinai-Halbinsel bis nach Gaza gelangen.

Frieden mit Israel würde auch für den Sudan nicht ohne positive Auswirkungen bleiben. Allen voran würde Sudan von der amerikanischen Terrorliste gestrichen werden und wieder auf Augenhöhe behandelt werden. Zudem hat der Sudan einen großen Nachholbedarf in diversen High-Tech-Bereichen, in denen Israel führend ist. Israel könnte dem Sudan mit Watertech, Agrotech, Medtech und vielen anderen Techs unter die Arme greifen und das Land ins 21. Jahrhundert katapultieren.

Mit einem enormen Gefühl der Pflicht setzte ich mich Mitte Februar in das kleine Privatflugzeug, das uns aus Israel ohne Zwischenlandung nach Khartum fliegen sollte. Zuerst flogen wir in die entgegengesetzte Richtung, nach Jordanien, dann konnte ich eine ganze Weile nichts außer Berge sehen. Berge, wohin das Auge blickte. Bis ich in der Ferne Wasser sah, türkis-blaues Wasser, dem wir uns schnell näherten und über dem wir uns schon sehr bald befanden. Es war das Rote Meer. Das Flugzeug flog über dem Roten Meer, zwischen Saudi-Arabien und der ägyptischen Küste, Richtung Süden. Ein atemberaubender Ausblick. Dann bog das Flugzeug rechts ab und es wurde wieder kahl um uns herum, bis ich kurze Zeit darauf wieder Wasser unter uns entdeckte. Diesmal war es jedoch kein Meer, sondern der Nil, dem wir folgten. Aus der Luft lässt sich sehr gut beobachten, dass direkt am Nilufer Leben existiert. Häuser, Menschen, Tiere. Der Lebensstreifen am Nil ist jedoch noch viel schmaler als der ohnehin sehr schmale Fluss. Es wirkt, als ob sich an beiden Ufern des Nil, der vielleicht 500 Meter breit ist, auf den ersten 100 Metern Menschen angesiedelt haben – und dann sehr viele Kilometer in alle Richtungen erst einmal nichts kommt. Gar nichts. Es wirkte wie eine endlose, flache, kahle, traurige, unfruchtbare Landschaft. Das war mein erster Eindruck vom Sudan.

Mein zweiter Eindruck sollte auch nicht viel besser sein. Wir näherten uns Khartum. Aus der Luft war das ein spannendes Spektakel. Nach vielen Kilometern gähnender Leere war plötzlich eine ziemlich dicht bebaute Stadt zu sehen, ohne Übergang. Khartum erinnerte mich an die Favelas im brasilianischen Film „City of God“. Ich konnte noch vor der Landung nachempfinden, warum Khartum eine der gefährlichsten Städte der Welt sein soll. Ganz Khartum schien eine riesige Favela zu sein.

Als ich aus dem Flugzeug stieg und den Boden betrat, wusste ich: Ich hatte Geschichte gemacht. Ich war einer der ersten Israeli, der offiziell in der Hauptstadt des Sudan landete und von seinem sudanesischen Amtskollegen begrüßt wurde. Ich war mir bewusst, dass ich aktiv am Geschehen teilnehmen und Frieden ein Stück näherbringen würde. Nicht aus der Ferne. Nicht über Twitter. Vor Ort! Ich war mächtig stolz.

Es waren unbeschreibliche Emotionen, die mir durch das Hirn schossen. Es fühlte sich wahrscheinlich in etwa so an, wie für viele Juden, als sie nach 2000 Jahren ohne jüdische Heimat zum ersten Mal den Boden eines freien jüdischen Staates betreten konnten. Nicht wenige jüdische Einwanderer waren so überwältigt, dass sie sich vor Freude niederwarfen und den Boden küssten. Das kommt im Falle Israels übrigens hin und wieder selbst heute noch vor. Meine Emotionen gingen also durch die Decke. Jeder Schritt auf sudanesischem Boden war für mich ein weiterer Schritt in Richtung Frieden.

Zum Empfangskomitee gehörte auch ein hochrangiger sudanesischer Offizier. Das Militär spielt in vielen Teilen Afrikas eine sehr zentrale Rolle. Fast alle Teilnehmer unserer Delegation hatten langjährige Militärerfahrung und es überraschte oder verwunderte somit niemanden von uns, dass hochrangige Militärs uns begleiten würden und auch im Gespräch mit den Ton angaben. Eigentlich ist das in Israel nicht anders. Auch in Israel spielt die IDF eine sehr zentrale Rolle in der Gesellschaft und in Sicherheitsfragen. Der Unterschied ist jedoch, dass in Israel die Politik über Krieg und Frieden entscheidet. Im Sudan entscheidet das Militär. Nicht ganz demokratisch. Nicht immer auf Menschenrechte bedacht.

Doch wir waren nicht gekommen, um den Sudanesen in ihre internen Angelegenheiten reinzupfuschen oder ihnen eine Lektion über Menschenrechte und Demokratie zu geben. Wir waren gekommen, um Frieden praktisch umzusetzen. Theoretisch waren unsere Nationen ja schon gewillt, sich näher zu kommen und positive Schritte einzuleiten. Doch wie wird aus Theorie praktische Realität? Über Frieden zu reden ist eine Sache. Frieden machen eine andere.

Wir waren gekommen, um genau darüber zu diskutieren. Man konnte fühlen, dass auch die Sudanesen sehr aufgeregt waren, einer hochrangigen israelischen Delegation gegenüberzusitzen, und das auch noch bei sich in Khartum. Sie wussten, Israel und das jüdische Knowhow könnten ihnen in vielerlei Hinsicht intern einen großen Dienst erweisen. Sie waren davon überzeugt, dass eine engere Zusammenarbeit in vielen Bereichen sich für den Sudan sehr auszahlen würde.

Im Gegensatz zum Oman konnte ich mich keinen Meter von der Delegation entfernen. Es sei zu gefährlich, wurde mir mitgeteilt. Es gebe zu viele Fanatiker, die, wenn sie davon Wind bekämen, dass sich auf „ihren Straßen" eine hochrangige Delegation aus Israel aufhielt, bereit wären, ohne Vorplanung anzugreifen. Fanatiker, die auch noch bewaffnet waren und innerhalb kürzester Zeit alles stehen und liegen lassen würden, um „ihr Land und ihren Stolz zu verteidigen".

Generationen über Generationen von mit Hass gegen Juden und Israel indoktrinierten Massen bekommt man über Nacht nicht aus der Welt geschafft. Je ärmer und rückständiger ein Land, desto schwieriger ist es, Sündenböcke in Frage zu stellen. Es sind die Juden, die man für die eigene Misere verantwortlich macht. Wen sollte man, falls die Juden als Sündenböcke wegfallen sollten, verantwortlich machen? In erster Linie wahrscheinlich die eigene Führung. Das war selbstverständlich nicht im Sinne des sudanesischen Machthabers Omar al-Bashir. Es ist viel einfacher, die Juden und den jüdischen Staat für alles verantwortlich zu machen. Dass weder Juden noch Israel auch nur im Entferntesten mit der Realität des Sudan und der Sudanesen zu tun haben, spielt keine Rolle. Nicht Fakten zählen. Es sind Erzählungen der

Eltern, der Lehrer, der Politiker, der Prediger, die zählen. Es sind Emotionen, die zählen. Emotionen, die praktisch in jedem Haushalt von Geburt an vermittelt werden.

Doch aufgeschlossene und gebildete Sudanesen wussten natürlich, dass sie von Israel nur profitieren konnten, und waren begeistert über den neuen Kontakt. Mit einem sudanesischen Kollegen verstand ich mich besonders gut. Er war ein enger Berater des Verteidigungsministers und sprach sehr gut Englisch. Mir bot sich die Gelegenheit, ihn auch unter vier Augen zu sprechen. Er machte auf mich einen „westlich" erzogenen Eindruck. Obwohl der blaue Anzug, den er trug, wie aus den 60er Jahren wirkte, also alles andere als modern, waren sein Auftreten und seine Art zu kommunizieren sehr aufgeschlossen. Während wir uns unterhielten, fragte ich mich, ob auch er in einer Favela lebte oder ob es wohl auch bessere Wohnviertel gab, in denen gebildete und „westlich" erzogene Sudanesen wohnten. Fragen wollte ich ihn das nicht. Ich wollte keinen falschen Eindruck vermitteln. Was ich vom Sudan wusste, beruhte vor allem auf meinen Beobachtungen aus dem Flugzeug. Vielleicht hätte ich die bessere Hälfte Khartums gesehen, hätte ich nicht rechts, sondern links aus dem Fenster geguckt.

Jedenfalls war auch er voller Hoffnung, dass es zu Frieden zwischen den Staaten kommen würde. Er habe große Ehrfurcht vor den Juden, sagte er mir. Er nehme sie als Überlebenskünstler wahr. Ähnlich wie die Sudanesen. Denn auch die Sudanesen seien ein Volk, das sehr viel gelitten habe, und es sei an der Zeit, eine bessere Zukunft für das Land und die Menschen in die Wege zu leiten. Eines der Dinge, die der Sudan dringend ändern wolle, sei sein internationales Image. Man wolle so schnell wie möglich das Terrorimage ablegen und als Verbündeter der westlichen Welt, insbesondere der Amerikaner, anerkannt werden. Um dieses Ziel zu erreichen, wolle der Sudan jetzt auch den Boykott Israels beenden und sich klar und deutlich gegen Antisemitismus positionieren.

Ich war begeistert. Es klang alles sehr schön und vor allem sehr richtig. Aber im Endeffekt war mein Gesprächspartner kein Entscheidungsträger und der Sudan auch keine stabile Demokratie, wo das, was gesagt wird, auch wirklich eintreten wird.

Vor unserem Abflug organisierten unsere Gastgeber ein abschließendes Festmahl. Die Stimmung war gut. Unsere sudanesischen Gastgeber gaben sich große Mühe. Der Tisch war voll von verschiedenen Sorten Fleisch. Als Feinschmecker ließ ich mir diese Gelegenheit natürlich nicht entgehen und probierte alles, was auf den Tisch kam. Das eine oder andere schmeckte mir auch ganz gut, aber das meiste war gewöhnungsbedürftig. Das traditionelle Gewürz, das dem Essen einen ganz besonderen Geschmack gab, war nicht ganz meine Sache, so konzentrierte ich mich auf den Reis. Die Reisstücke waren dunkler und länger als ich sie von Hause aus kannte. Als Kind persischer Eltern bin ich ja förmlich mit Reis in der Milchflasche aufgewachsen, mit weißem Basmatireis, der nicht klebt und einen an Asien erinnert. Doch ich war in Afrika und jetzt versuchte der lokale Reis mich abzuholen. Leider ohne Erfolg. Ich ging über auf das Gemüse und gönnte mir eine Cola. Weitaus schwieriger als ich hatten es einige meiner Kollegen, die ausschließlich koscher essen. Beim Gemüse und Reis konnte der eine oder andere noch ein Augen zudrücken. Bei nicht koscherem Fleisch war jedoch Sackgasse. Frieden hin oder her.

Im Anschluss an unseren Aufenthalt im Sudan kontaktierten mich einige sudanesische Journalisten und Journalistinnen über WhatsApp. Sie hatten meine Nummer über ihre israelischen Kollegen erhalten.

Interessant, dachte ich mir, dass Journalisten aus dem Sudan und Israel schon im Kontakt stehen. Sie wollten ein wenig mehr über den Fortschritt der Verhandlungen wissen, um darüber zu schreiben. Sehr viel konnte und durfte ich leider nicht preisgeben. Das akzeptierten die Journalisten. Zwei von ihnen waren jedoch besonders hartnäckig. Eine Journalistin und ein Journalist. Beide schreiben nach wie vor für eine zentrale sudanesische Tageszeitung. Mit beiden stehe ich nach wie vor im Kontakt und wir schreiben uns über WhatsApp, jedes Mal, wenn es einen Grund gibt.

Einen guten Grund gab es am 6. April 2021. Der sudanesische Journalist schrieb mir: „Congratulations! Sudanese Cabinet repeal Israel Boycott law“, und die sudanesische Journalistin: „In session today the Sudanese Cabinet has been agree to the bill repeal Israel Boycott Act.“ (Die Originalschreibweise der Nachrichten wurde beibehalten.)

Die „Three No's“ von 1967 schienen endgültig der Vergangenheit anzugehören. Ein Kreis hatte sich geschlossen. Das gibt Hoffnung auf mehr: Mehr Annäherung, mehr Freundschaft, mehr Frieden!

Empfang durch einen hohen Militärangehörigen direkt nach der Ankunft im Sudan

13 Von Marokko über Aserbaidschan bis nach Bahrain

Mehr Freundschaft und Frieden finden tatsächlich statt. Wer genau hinschaut, der weiß das. Es ist mittlerweile kaum übersehbar.

Das Vorbild stellen die wirklich intensiven Beziehungen zwischen den Emiraten und Israel dar. Der Sudan ist leider noch weit entfernt von diesem Punkt. Ich bezweifele leider, dass der Sudan jemals so nah mit Israel befreundet sein wird, wie die VAE es heute sind. Jedoch gibt es eine Reihe anderer muslimischer Staaten, arabische wie nichtarabische, die in den letzten Jahren offene diplomatische Beziehungen zu Israel aufgenommen haben. Muslimische Staaten, die unterschiedlicher nicht sein könnten, was wiederum ein Beweis dafür ist, dass man nie von „Muslimen" oder „Arabern" als einer homogenen Einheit sprechen kann, sondern jeden Staat für sich betrachten sollte. Wenn man das tut, dann lässt sich relativ leicht nachvollziehen, warum es muslimische Staaten gibt, denen es einfacher fällt als anderen, sich den Juden und Israel zu öffnen und offizielle diplomatische Beziehungen aufzunehmen.

Marokko ist ein einflussreiches arabisch-muslimisches Land im Westen Nordafrikas. Ein Großteil der in Israel lebenden sephardischen Juden haben einen marokkanischen Hintergrund, sind in den Jahren nach dem Unabhängigkeitskrieg Israels 1948 aus Marokko ausgewandert bzw. wurden vom israelischen Auslandsnachrichtendienst Mossad außer Landes gebracht, um sich in Israel niederzulassen. Sie fühlten sich in Marokko nicht mehr sicher, obwohl das Zusammenleben zwischen der muslimischen Mehrheit und einer Viertelmillion Juden in den vielen Jahrhunderten, bis auf vereinzelte lokale Pogrome, relativ reibungslos verlief. Die Juden lebten in jüdischen Vierteln, sogenannten *Mellahs*, so wie meine Großeltern im Iran in einem jüdischen Viertel bzw. Ghetto, das als *Maleh* bezeichnet wurde. Doch sie konnten sich entfalten und Marokko ihren kulturellen Stempel aufdrücken, bis die meisten von ihnen vor über einem halben Jahrhundert entweder nach Israel oder in den Westen auswanderten, unter anderem nach Kanada, um als Juden in Sicherheit leben zu können. Ihren marokkanischen „Nationalstolz" haben sie jedoch bewahrt und sich all die Jahre danach gesehnt, dass Israel und Marokko eines Tages in Frieden leben würden, damit sie ihren Geburtsort wieder besuchen können.

Das Hoffen und die richtigen Signale haben sich ausgezahlt. Seit mehreren Jahren schon können jüdische Israelis Marokko besuchen, und seit einigen wenigen Jahren arbeiten nicht nur eine Handvoll marokkanischer Diplomaten fest in Israel, sondern es wurden auch Direktflüge zwischen den Ländern erlaubt, was ein weiteres eindeutiges Zeichen der ehrlichen Annäherung ist. Die freundschaftlichen Beziehungen sind mittlerweile so fortgeschritten, dass Juden, deren Ursprung in Marokko liegt, ein Visum nach Marokko beantragen dürfen. Die marokkanische Botschaft in Tel Aviv ist seitdem von israelischen Antragstellern überlaufen. Es ist für Israelis auch möglich, einen marokkanischen Pass zu beantragen, wenn sie nachweisen können, dass sie ursprünglich aus Marokko stammen. Auch wenn der Kontext ein völlig anderer ist, ähnelt dies im Prinzip dem Verfahren, wie die Bundesrepublik als Teil ihrer Wiedergutmachungspolitik Nachfahren von Holocaustopfern die deutsche Staatsbürgerschaft gewährt.

Vielleicht fällt es den Marokkanern auch ein Stück weit einfacher, sich mit Israel zu versöhnen, wer weiß, sich eventuell sogar mit Israel zu identifizieren und zu solidarisieren, da auch Marokko sich in einem Konflikt um Gebiete befindet. Im Westsaharakonflikt bekämpfen sich nämlich Marokko und die Frente Polisario, die 1976 das Territorium der Westsahara als unabhängige Demokratische Arabische Republik Sahara ausgerufen hat und von Dutzenden Staaten anerkannt wurde, obwohl Marokko das Territorium der Westsahara ganz klar für sich beansprucht. Dies hat eine gewisse Ähnlichkeit zu vielen Israelis, die zumindest Teile von Judäa und Samaria bzw. des Westjordanlandes für sich beanspruchen.

Die Beziehungen zwischen Marokko und Israel blühen. Israelische Touristen und Touristinnen müssen sich in Marokko nicht mehr verstecken und sind auch keine Ausnahmeerscheinung, sondern ein sichtbares Zeichen der neuen Realität.

Aus ganz anderen Gründen als im Falle Marokkos und fast unter dem Radar haben sich die Beziehungen zwischen Israel und dem muslimischen Staat Aserbaidschan zum Guten hin entwickelt. Aserbaidschan, zwischen dem mächtigen Iran im Süden, dem mächtigen Russland im Norden und der mächtigen Türkei weiter westlich liegend, versucht seinen eigenen Charakter und seine Unabhängigkeit zu bewahren. Das ist leichter gesagt als getan, da die Großmächte um Aserbaidschan herum den Aseris stark im Nacken sitzen und Ansprüche erheben. Das hat seine Gründe. Die Aseris sprechen einerseits eine türkische Sprache, was den Türken das Gefühl gibt, dass sie eigentlich ein Teil der Türkei sein sollten. Andererseits sind die Aseris größtenteils Schiiten und Teile Aserbaidschans gehörten bis ins 19. Jahrhundert dem Iran an, was den iranischen Nachbarn, der weltweiten schiitischen Hochburg, davon überzeugt, dass Aserbaidschan eigentlich Teil des Irans sein sollte. Hinzu kommt, dass Aserbaidschan bis 1991 Teil der Sowjetunion war, sich also unter russischer Oberherrschaft befand, was für die russischen Machthaber in Moskau ein eindeutiges Anzeichen dafür ist, dass (ähnlich wie die Ukraine) auch Aserbaidschan nach wie vor zum direkten russischen Einflussbereich gehört.

Aserbaidschan steht somit unter Druck von allen Seiten, insbesondere von der Islamischen Republik Iran, der es ein Dorn im Auge ist, dass ihr schiitischer Nachbar, mit dem sie ein und dieselbe religiöse und kulturelle Vergangenheit verbindet, nicht nur ein säkularer schiitischer Staat ist, die Antithese zum radikalen Schiitentum im Iran, sondern eine klare prowestliche Orientierung hat. Im Gegensatz zum Iran, der mit den Widersachern der USA, den Russen und China, unter einer Decke steckt, arbeiten die Aseris sehr eng mit den Amerikanern, der Türkei und auch Israel zusammen.

Man könnte in diesem Fall von einer Art kaltem Krieg zwischen dem Iran und Aserbaidschan sprechen, in dem jede Seite sich konkurrierenden Weltmächten und lokalen Mächten anvertraut hat. Das eine hat sehr schnell zum anderen geführt. Nach dem Motto „Der Feind meines Feindes ist mein Freund“ hat sich in den letzten Jahren zwischen Israel und Aserbaidschan eine enge Partnerschaft, insbesondere im Sicherheitsbereich, entwickelt.

Es ist eine Win-win-Situation. Die Aseris brauchen das große Amerika als Garant ihrer Unabhängigkeit und israelisches Knowhow, um sich vor den Iranern schützen zu können. Die Israelis hingegen brauchen Aserbaidschan als strategischen Partner, nicht nur, aber insbesondere auch, da es eine Grenze mit dem größten Feind des jüdischen Volkes und Staates teilt, was aus israelischer Sicht viele Vorteile mit sich bringt.

Bahrain ist ein im Persisch-Arabischen Golf, nahe den Vereinigten Arabischen Emiraten liegender und nicht allzu bekannter muslimischer Inselstaat. Die 33 Inseln, aus denen Bahrain besteht, liegen genau zwischen zwei konkurrierenden muslimischen Großmächten: einerseits der schiitischen Hochburg Iran, andererseits der sunnitischen Hochburg Saudi-Arabien, die jeweils Ansprüche an Bahrain erheben.

Bahrains Situation ist demnach in vielerlei Hinsicht vergleichbar mit anderen muslimischen Staaten in der Region, allen voran Aserbaidschan und Irak. Da es sich in der Zwickmühle zwischen den muslimischen Mächten befindet, jedoch nicht in der Lage ist, seine Existenz beziehungsweise Unabhängigkeit im Falle eines Angriffs zu gewährleisten, arbeitet es eng mit den Amerikanern zusammen und ist nicht ohne Grund der Heimathafen der Fünften Flotte der Vereinigten Staaten von Amerika. In der Hinsicht ähnelt sich die Vorgehensweise der Bahrainis mit der Orientierung Aserbaidschans. Beide Staaten haben sich eindeutig in das prowestliche Camp eingegliedert, da sie angewiesen sind auf den Schutz einer Weltmacht. Und wenn diese Weltmacht den Iran als Hauptursache für die Instabilität des Nahen Ostens identifiziert, dann spricht man eine gemeinsame Sprache. Schließlich hat der Iran direkt im Anschluss an den Ausbruch des arabischen Frühlings im Jahr 2011 versucht, die schiitische Mehrheit in Bahrain zum Aufstand gegen das sunnitische Herrschaftshaus anzustiften. Ziel war es, die sunnitische Monarchie und den Vasallenstatus gegenüber den Saudis aufzuheben und an deren Stelle entweder einen weiteren schiitischen Gottesstaat zu errichten oder Bahrain sogar als 14. Provinz dem Iran anzuschließen.

Bahrain ist sich sehr wohl bewusst, wie tief der Iran überall im Nahen Osten verwickelt ist und es insbesondere auf Länder abgesehen hat, in denen es eine schiitische Bevölkerung gibt, um sie als verlängerten Arm der schiitischen Republik Iran für seine eigenen regionalen und internationalen Machtansprüche auszunutzen. So hat der Iran es geschafft, mit Hilfe der schiitischen Minderheit und der schiitischen Terrororganisation Hisbollah einen Staat im Staate im Libanon zu errichten. Der wahre Machthaber im Libanon ist seitdem nicht der libanesische Staat, die libanesische Regierung oder die libanesische Armee, sondern die von Teheran aus gesteuerte schiitische Miliz.

Im Jemen nimmt man eine ähnliche Vorgehensweise wahr, nur dass die lokale schiitische Terrorarmee sich nicht Hisbollah, sondern Ansar Allah nennt – auch bekannt als Huthi. Die Unterwanderung des Libanon und des Jemen ist dem Iran gelungen und er arbeitet täglich daran, auch Syrien, Irak, Afghanistan, Aserbaidschan und Bahrain mit allen Mitteln und unter allen Umständen zu unterwandern und die Macht an sich zu reißen, sei es direkt oder über einen Teheran-abhängigen Verbündeten.

Ähnlich wie vor wenigen Jahren noch eine sunnitische Minderheit von ungefähr 20 Prozent der irakischen Bevölkerung unter der Führung des sunnitischen Diktators Saddam Hussein das Sagen über die schiitische Mehrheitsbevölkerung (die ungefähr 60 Prozent der Gesamtbevölkerung des Irak ausmacht) und die Kurden (die ebenfalls 20 Prozent der Bevölkerung stellen) hatten, regiert in Bahrain eine sunnitische Minderheit über die schiitische Mehrheit. Die Situation im Irak hat sich jedoch auf den Kopf gestellt und das Machtverhältnis hat sich stark verschoben. Die aktuellen Machthaber sind jetzt eine Reihe schiitischer Milizen, unter anderem die Terrororganisation Kata'ib Hisbollah, die als verlängerter Arm der iranischen Mullahs und der

Revolutionsgarden große Teile des Iraks unter ihre Kontrolle gebracht haben.

Bahrain schaut nach Libanon, nach Jemen und um die Ecke in den Irak und will kein ähnliches Schicksal über sich ergehen lassen. Der Schritt in Richtung Zusammenarbeit und Frieden mit Israel war somit kein schwieriger. Einerseits sind die Bahrainis und Emiratis, so wie auch Israel, enge Verbündete der Amerikaner, stehen also seit vielen Jahren auf derselben Seite. Anderseits weiß Bahrain, dass Israel kein Feind ist, sondern ein äußerst nützlicher Partner sein könnte, der wesentlich zur Sicherheit des Landes beitragen würde. Schließlich steht man einem gemeinsamen Feind gegenüber und jede Zusammenarbeit ist somit mehr als wünschenswert. Hinzu kommt, dass Bahrain, ähnlich wie die VAE, eine große Zahl an Gastarbeitern hat, die ca. die Hälfte der Bevölkerung ausmachen. Wie im Falle der VAE stammen sie in erster Linie aus dem indischen Subkontinent und Ostasien, aber auch im Westen ausgebildete Eliten haben sich im Land angesiedelt. Internationale Sprachen, allen voran natürlich Englisch, sowie verschiedene Kulturen und Religionen sind so wie für die VAE Alltag für die Bahrainis, die höchstwahrscheinlich auch durch diesen internationalen Kontakt weltoffener und toleranter geworden sind. All diese Gründe haben wahrscheinlich dazu geführt, dass es den Machthabern in Bahrain nicht schwer fällt, sich mit Juden und Israel an einen Tisch zu setzen und zu kooperieren.

Tatsächlich hatte ich schon das Vergnügen, mit Bahrainis, die für staatliche Institutionen arbeiten, an einem Tisch zu sitzen, zu essen und zu lachen. Der Kontakt und das Gespräch waren auf Anhieb freundschaftlich. Es ist, wie im Falle der Beziehungen mit den VAE, eine natürliche, positive Begegnung. Als hätte es nie ein Problem zwischen Juden und Muslimen, zwischen Israel und arabischen Staaten gegeben. Als wäre die über viele Jahre verkündete Feindschaft etwas Künstliches gewesen, und als hätten alle sehnsüchtig auf Freundschaft und Zusammenarbeit, also das neue Normal, gewartet. Was gefehlt zu haben scheint, um sich klar und deutlich zu verbünden, war allem Anschein nach lediglich die Wahrnehmung einer gemeinsamen Bedrohung.

Da die radikalen Islamisten im Iran ihre regionalen Besitzansprüche nicht einschränken werden, wird der Frieden zwischen Bahrain und Israel stabil bleiben und einen positiven Einfluss auf die nächste Generation haben, die Juden und Israel als Freunde und Verbündete kennen lernen – nicht als Teufel. Allein das ist schon ein riesiger Schritt nach vorne.

14 Hinter verschlossenen Türen – noch

Viele selbsternannte Nahost-Experten haben kaum eine Ahnung von diesen Entwicklungen und auch kein Interesse daran, sich mit diesen tiefgehend auseinanderzusetzen. Sonst würden sie zu der unausweichlichen Feststellung gelangen, dass die Abraham Accords „da sind, um zu bleiben". Friedensverträge, die die ohnehin schon seit längerer Zeit hinter verschlossenen Türen laufenden Beziehungen zwischen Juden und Israel einerseits und muslimischen und arabischen Staaten andererseits zum ersten Mal ins internationale Rampenlicht gerückt haben.

Positive Kontakte und Zusammenarbeit zwischen Juden und Muslimen auf individueller Basis und auf Länderebene sind heutzutage täglich in den sozialen Netzwerken nachverfolgbar. Israelische Minister, die auf offiziellen Empfängen in arabischen Staaten eingeladen sind, und muslimische Delegationen, die Israel besuchen und darüber posten und tweeten, sind für jeden „Nahost-Experten" nicht schwer zu finden. Jedoch besteht nicht immer das Interesse, diese Entwicklungen, diese Zeitenwende als solche zu bezeichnen, denn es würde das altbekannte Nahostbild, in dem es eine klare Aufgabenverteilung gibt, zerstören.

Das alte Schema ist einfach auf den Punkt zu bringen: Jude gegen Muslim und Israel gegen die muslimische Welt. Alles dreht sich angeblich um die Juden und Israel, es herrschen Konflikt, Terror und Krieg, wo das Auge nur hinschaut. Höchstwahrscheinlich würde sich die Lage in der muslimisch dominierten Region beruhigen, wenn der jüdische bzw. israelische „Störenfried" sich in Luft auflösen würde. Aussprechen tut dies kaum jemand so deutlich. Durch den Kopf geht es wahrscheinlich vielen.

Wenn man schon keinen Einblick in Entwicklungen hat, über die es öffentlich verfügbare Informationen gibt, dann wird es umso problematischer, wenn man sich von diesem Hellfeld aus ins Dunkle vortastet. Gemeint ist damit eine ganze Reihe muslimischer Staaten, deren Beziehungen zu Juden und dem jüdischen Staat nach wie vor hinter verschlossenen Türen stattfinden, so wie einst die VAE, Marokko und Bahrain. Die allermeisten „Nahost-Experten" haben absolut keine Möglichkeit, Informationen über die Entwicklungen zu erhalten.

Es ist ein offenes Geheimnis, dass Israel sich in den letzten Jahren sogar dem saudi-arabischen Königreich angenähert hat und es gegenseitige Besuche von hochrangigen Vertretern der jeweiligen Länder gab. Auch wenn die Kontakte noch relativ frisch sind und es eventuell noch Zeit braucht, bis auch Saudi-Arabien ins Licht tritt und diplomatische Beziehungen zu Israel aufnimmt, ist selbst dieser erste Schritt zum Frieden zwischen Israel und der sunnitischen Hochburg zwar eine kleine Entwicklung, aber ein riesiger Sprung für die Saudis. Im Westen scheint man nicht ganz mit der äußerst patriarchalischen und erzkonservativen Scharia-Kultur der Saudis vertraut zu sein. Doch so wie die Autofahrerlaubnis für Frauen eine Art interne Revolution war, so ist dies auch die Annäherung mit Israel. Es ist deshalb sehr gut nachvollziehbar, dass die Saudis es sehr bedacht und vorsichtig angehen.

In den Anfängen wurden Beziehungen hinter verschlossenen Türen aufgenommen, in der Regel im Sicherheitsbereich, aber nicht nur. Dann wurde israelischen Fluggesellschaften erlaubt, den Flugraum über Saudi-Arabien zu nutzen, statt wie gewohnt stundenlange Umwege fliegen zu müssen, wenn es aus Israel nach Asien ging. Parallel dazu haben die Saudis ihren emiratischen und bahrainischen Verbündeten grünes Licht für den Friedensvertrag vom 15. September 2020 in Washington gegeben. Ohne Zweifel wäre es nicht zu den Abraham Accords gekommen, wenn die Saudis nicht mit an Bord gewesen wären. Die Zeitenwende, von der ich hier schreibe, betrifft somit auch Saudi-Arabien.

In der neuen Realität des Nahen und Mittleren Ostens muss sich jedes Land entscheiden, auf welcher Seite es steht und, wenn es sein muss, kämpft. Die Fronten sind relativ klar. Auf der einen Seite befinden sich die Verbündeten der Amerikaner und immer deutlicher auch Israels. Zu diesem Camp zählt ein Großteil der sunnitisch-muslimischen Welt, angeführt von Saudi-Arabien, Ägypten und der Türkei. Das ist kein in absoluter Harmonie miteinander verkehrender Block von Staaten, denn besonders die Türkei hat parallel zur NATO-Mitgliedschaft auch unabhängige Gebietsansprüche in der Region, führt einen Dauerkonflikt mit den Kurden und befindet sich in Sachen Energiegewinnung aus dem Mittelmeer im wahrsten Sinne des Wortes auf dem entgegengesetzten Ufer zu Ägypten und Israel. Dennoch sind sowohl die Türkei als auch Ägypten, Saudi-Arabien und viele weitere sunnitisch-muslimische Staaten Verbündete der USA und somit auf indirekte oder direkte Weise auch Israels.

Auf der gegenüberliegenden Seite befindet sich das von Russland und China unterstützte iranische Mullahregime, dass sich seit der Islamischen Revolution 1979 zum Ziel gesetzt hat, die gesamte muslimische Welt unter seine Führung zu bringen. Revolutionsführer Ayatollah Chomeini sagte es, ohne ein Blatt vor den Mund zu nehmen: Bei dieser Revolution ging es nicht nur um den Iran, sondern um die gesamte Region. Die gesamte Region wird somit seit 1979 pausenlos unterwandert und in vielen Bereichen werden irantreue Terrororganisationen, Milizen und Söldnertruppen gegründet, finanziert, indoktriniert, ausgerüstet, trainiert und in den Krieg geschickt, um Gebiete für die „schiitische Sache" zu besetzen. Dutzende schiitische Gruppierungen jeglicher Sorte sind mittlerweile in der muslimischen Welt unterwegs und sorgen durchgängig für Instabilität.

Zu den dominantesten Gruppierungen gehören die iranischen Revolutionsgarden und ihre Auslandsabteilung, die Al-Quds-Brigaden, die libanesische Hisbollah, die jemenitischen Huthis und Asa'ib Ahl al-Haqq, Al Hasch asch Scha'bi und Kata'ib Hisbollah im Irak. Hinzu kommen die aus pakistanischen Söldnern bestehenden Zeynabiyun und aus afghanischen Söldnern bestehen Fatimiyun in Syrien. Sogar sunnitische Terrororganisationen wie der Islamische Dschihad in Palästina und die Hamas im Gazastreifen bis hin zu global operierenden sunnitischen Dschihadisten wie Al-Qaida werden unterstützt, wenn es im Sinne der schiitischen Machtentfaltung ist und die Feinde der schiitischen Republik in Schach hält.

Aber zurück ins Hinterzimmer. Wäre es vorstellbar, dass Israel eines Tages auch Frieden mit Pakistan schließt? Warum nicht? Während ich diese Zeilen schreibe, besucht eine Delegation von exilpakistanischen Influencern mit der Organisation Sharaka Israel, um den jüdischen Staat und seine Menschen kennenzulernen, mit dem Ziel, im Anschluss an die Reise eventuell als „Botschafter" Brücken zwischen Israel und Pakistan zu bauen. Auch das ist eine neue Entwicklung.

Wäre es vorstellbar, dass Israel sich mit dem bevölkerungsreichsten muslimischen Land der Welt, Indonesien, verbündet und Freundschaft schließt? Kontakte bestehen und werden hoffentlich in den kommenden Jahren ausgebaut. Was spricht dagegen, dass

Israel sich Pakistan und Indonesien nähert, diplomatische Beziehungen aufnimmt, Freundschaft und Frieden schließt und mit beiden Ländern eine sich für alle Seiten auszahlende Zusammenarbeit eingeht? Israel hat so viel zu bieten. Pakistan und Indonesien wissen das. Und beide Länder wissen, dass weder die Juden noch der jüdische Staat in irgendeiner Weise ihre Feinde sind.

Die ersten Zeichen für eine Annäherung haben schon längst stattgefunden. Es ist meines Erachtens nur eine Frage der Zeit, bis auch Saudi-Arabien, Indonesien und Pakistan auf den Zug aufspringen und die Zeitenwende noch sichtbarer machen.

15 Ist „der Nahostkonflikt" eine Lüge?

Aus europäischer Sicht ist der Nahe Osten zweifellos der Hauptkrisenherd der Welt. Es ist bekannt, dass im Nahen Osten, seit man denken kann, eigentlich immer Terror, Konflikt und Krieg herrschten. Falls es im Nahen Osten und insbesondere im „Nahostkonflikt" endlich einmal zu einer friedlichen Lösung kommen sollte, dann, davon gehen nicht wenige aus, wird es die gesamte Welt beeinflussen und zu einem weitaus friedlicheren Ort machen.

Wenn in weiten Teilen Europas, sicherlich in Deutschland, die Rede vom „Nahostkonflikt" ist, dann meint man damit in der Regel den Konflikt zwischen Israel und den Palästinensern. Eine der beiden Konfliktparteien, der jüdische Staat, wird nicht selten als das Hauptproblem im Hauptkonflikt des Hauptkrisenherdes der Welt wahrgenommen. Eine absurde Wahrnehmung, die nichts mit dem Nahen Osten und den Muslimen zu tun hat, die weit über 90 Prozent der Bevölkerung des Nahen Ostens ausmachen, sondern nicht selten ausschließlich mit den Juden.

„Der Nahostkonflikt" ist einem seit Jahrzehnten vertraut. Man meint zu wissen, wer gegen wen um dasselbe kleine Stück Land kämpft, und man hat in der Regel eine klare Haltung zu diesem, aus europäischer Sicht, zentralen „Nahostkonflikt". Alle anderen Konflikte fallen demgegenüber unter „ferner liefen", obwohl auch sie im Nahen Osten ausgetragen werden und weitaus mehr Menschenleben fordern.

Krieg in Syrien ist „Krieg in Syrien" und nicht „Nahostkonflikt", obwohl ein Großteil des Nahen Ostens darin verwickelt war und nach wie vor ist.

Krieg im Jemen ist „Krieg in Jemen“ und nicht „Nahostkonflikt“, obwohl auch in diesem Fall eine Handvoll zentrale regionale Mächte involviert sind.

Die iranische Atomwaffenentwicklung ist ein Thema für sich, obwohl es alles und jeden im Nahen Osten betrifft. Die Abraham Accords wären höchstwahrscheinlich nicht unterzeichnet worden, würde das iranische Regime mit seiner regionalen Terrorförderung und der Entwicklung von Raketen und Atomwaffen nicht allen im Nacken sitzen.

Die Machenschaften von ISIS und Al-Qaida werden auch separat besprochen, wenn es hin und wieder einen Anlass gibt, obwohl beide, genau wie andere globale Dschihad-Organisationen, es nicht auf eine Region oder einen Staat, sondern auf die gesamte Welt abgesehen haben.

Interne Konflikte im Irak, Libanon, Libyen, Afghanistan, Ägypten, Saudi-Arabien und Sudan werden, wenn überhaupt, als lokale Konflikte bezeichnet, obwohl in allen Fällen, ohne Ausnahme, andere regionale Staaten und Organisationen beteiligt sind und der lokale Konflikt in der Regel nur ein Teil der großen regionalen Konflikte ist.

Der innerpalästinensische Konflikt zwischen mehreren miteinander konkurrierenden und bis auf die Zähne bewaffneten Organisationen, allen voran Fatah, Hamas und Islamischer Dschihad, wird so gut wie gar nicht erwähnt, da das „palästinensische Thema“ in den Augen vieler europäischer Beobachter nur Sinn zu machen scheint, wenn es im selben Atemzug mit Israel bzw. den Juden im Kontext des bekannten „Nahostkonfliktes“ besprochen wird. Palästinenser, denen das Leben in Syrien oder im Libanon schwer gemacht wird, sind nicht von Interesse. Warum auch, geht es hier doch „nur“ darum, dass Muslime andere Muslime bzw. Araber andere Araber schlecht behandeln. Auf offene Augen und Ohren scheinen Palästinenser nur zu stoßen, wenn man im Zusammenhang mit ihrem Leid Juden beschuldigen kann.

Sehr selten kann man aus dem Mund eines Politikers, Journalisten oder selbsternannten Nahostexperten eine Betrachtung über die gesamte Region, einen Zoom-Out auf die Situation im Nahen Osten vernehmen. Regionale Zusammenhänge werden entweder mit voller Absicht ausgeblendet, um eine politisch-ideologische Agenda nicht zu gefährden, oder aus Gründen der Unprofessionalität nicht erwähnt, weil man mangelhafte Einblicke ins Geschehen hat und es einfach oftmals nicht besser weiß.

„Der Nahostkonflikt" beschränkt sich somit lediglich auf Israel und die Palästinenser. Alles andere ist nebensächlich. Beim „Nahostkonflikt" weiß man, worum es geht, und man kann mitreden. Sehr oft haben Europäer zu diesem einen Konflikt eine stabile Haltung. Alles andere ist ihnen fern und ruft wenig oder gar kein Interesse hervor.

Wer kennt schon Namen von führenden Persönlichkeiten in Ägypten, Jemen, Irak oder Libanon? Wen interessiert, was die schiitische Organisation Al Hasch asch Scha'bi im Irak anstellt? Wer ist heute mit einem schlechten Gewissen aufgestanden, weil er sich Sorgen um das Wohl Tausender Kinder im Sudan, Jemen oder Syrien macht? Wer geht für die Kurden auf die Straße, die seit Jahrzehnten von Türken erniedrigt werden? Wer demonstriert gegen die türkische Bombardierung kurdischer Gebiete? Wen kümmert es, wie das Ayatollahregime im Iran die eigene Bevölkerung misshandelt, foltert, vergewaltigt und ermordet? Warum gibt es keinen Aufschrei, dass der Massenmörder Assad weiterhin in Syrien an der Macht ist? Das alles findet ebenfalls im

Nahen Osten statt. Doch es ist fern, unbekannt und berührt einen kaum.

Im Falle Israels und der Palästinenser bzw. dem „Nahostkonflikt" fühlt man sich jedoch berührt. Dabei können 99 Prozent der Europäer nicht mehr als zwei Namen von führenden palästinensischen Persönlichkeiten nennen. Wer weiß schon, was im Gazastreifen wirklich vor sich geht? Wer weiß, wie das Kräfteverhältnis zwischen den Terrororganisationen Hamas und Islamischer Dschihad ist und wie sie Frauen behandeln? Wen interessiert, dass es im Gazastreifen keine Meinungsfreiheit und keine Pressefreiheit gibt, und vieles einem nicht erlaubt ist, wenn man nicht Teil der Terrormilizen ist? Wie viele Europäer haben sich seit der blutigen Machtübernahme im Gazastreifen durch die Hamas im Jahre 2006 für die Rechte der Christen, Frauen und Homosexuellen eingesetzt? Warum stört es niemanden, dass alle palästinensischen Gebiete, sowohl Gaza als auch die Gebiete der Palästinensischen Autonomiebehörde im Westjordanland, zu 100 Prozent „judenrein" sind? Warum ist es in Ordnung, dass in Israel ca. 20 Prozent der Bevölkerung Muslime sind, aber kein einziger Jude in palästinensischen Gebieten leben kann, weil er oder sie noch am selben Tag ermordet werden würde? Also geht es wirklich um „den Nahostkonflikt", oder geht es in erster Linie um den Juden in der Staatengemeinschaft?

Wer wirklich an Menschenrechten und Frieden im Nahen Osten beziehungsweise der muslimisch dominierten Region der Welt interessiert ist, der sollte seinen Tunnelblick ändern und die gesamte Region neu betrachten. Krieg und Frieden im Nahen Osten hat in der Regel nämlich sehr wenig mit dem Konflikt zwischen Israel und den Palästinensern zu tun. Ein Blick auf die Weltkarte sollte eigentlich schon genügen, um sofort festzustellen, dass der Konflikt in einer Region, die nicht einmal die Größe Bayerns hat, nicht als „der Nahostkonflikt“ bezeichnet werden sollte, wenn überall drumherum auch Konflikt herrscht. Darüber hinaus haben in allen Kriegen Israels der letzten 75 Jahre, teilweise gegen eine Handvoll Kontrahenten gleichzeitig, nicht mehr Menschen das Leben verloren, als in den letzten zehn Jahren allein in Syrien – ganz abgesehen von mehreren Millionen Menschen, die ins Ausland fliehen mussten, um ihr Leben zu retten. Über eine halbe Millionen Muslime wurden in den letzten zehn Jahren in Syrien ermordet. Nicht von Juden. Nicht von Christen. Von Muslimen!

Warum wurde der Krieg in Syrien nicht als der „neue Nahostkonflikt“ bezeichnet? Im Endeffekt waren an diesem Krieg viele regionale und globale Spieler aktiv beteiligt. Einige sind es bis heute noch. Aber nein, trotz einer halben Million ermordeter Menschen innerhalb nur eines Jahrzehntes ist der Konflikt nicht „der Nahostkonflikt“, sondern für viele offensichtlich nur ein Nebenschauplatz des zentralen „Nahostkonfliktes“ und hat es nicht geschafft, dem altbekannten „Nahostkonflikt“ den Rang abzulaufen.

Wenn man vergleicht, sowohl in qualitativen als auch quantitativen Maßstäben, in welchen Staaten und Regionen im Nahen Osten und der muslimisch dominierten Welt die Menschen am meisten leiden, in Armut leben und unterdrückt werden, dann ist das Ergebnis ein Trauerspiel. Denn ein Großteil der Menschen in muslimisch dominierten Staaten lebt nicht frei, sondern leidet unter grausamen Unterdrückern. Im Iran, Afghanistan, Jemen, Syrien, Libanon, Libyen, Sudan, Ägypten, Jordanien, Gaza und den Autonomiegebieten, Saudi-Arabien, Pakistan und anderen Staaten herrscht eine tägliche Missachtung grundlegender Menschenrechte und findet eine brutale Unterdrückung von allem statt, was die herrschende Macht in Frage stellen könnte. So existiert in so gut wie keinem der oben genannten Staaten eine Meinungs-, Versammlungs- und Pressefreiheit. In keinem der Staaten und Regionen können Mitglieder der LGBTQ-Gemeinschaft frei leben. Juden, aber auch Christen und Angehörige anderer kleinerer Religionsgemeinschaften, können sich nur an ganz wenigen Orten ansiedeln, und selbst das nur unter starken Schutzmaßnahmen. Frauen sind in vielen Staaten der Region Menschen zweiter Klasse und haben dem Mann zu gehorchen.

Falls es also um Menschenrechte, Frieden und Freiheit geht, sollte dann nicht ein ähnlicher Fokus auf die Lebenslage der Menschen im Jemen, Afghanistan und Iran gelegt werden, so wie man es in Bezug auf die palästinensische Bevölkerung tut? Es ist ein Trauerspiel, denn kaum jemanden in Europa interessiert muslimisches Leben und Leiden wirklich – mit einer Ausnahme: wenn das Leid der Muslime mit den Juden und ihrem Staat in irgendeiner Weise gekoppelt werden kann.

Da wären wir wieder beim „Nahostkonflikt". Ist er vielleicht eine Lüge? Dieser Tunnelblick hat nämlich nichts mit der Realität des Nahen Ostens zu tun, sondern ausschließlich mit der deutschen Vergangenheit. Nicht, dass es diesen Konflikt zwischen Israelis und Palästinensern nicht gäbe, er ist jedoch nichts weiter als ein Nebenschauplatz, während in den kaum beachteten, da kaum verstandenen wahren Nahostkonflikten täglich Blut fließt.

Die wahren Nahostkonflikte sind zu 99 Prozent innermuslimische Konflikte. Muslime gegen Muslime. Warum sollte das jemanden überraschen, wenn schließlich weit über 90 Prozent der Bewohner dieser Region Muslime sind? Das sollte eigentlich logisch sein. Ist es aber nicht. Warum? Weil es dem Otto-Normal-Verbraucher nicht erklärt wird. Es ist zu kompliziert und betrifft einen nicht. Was kümmert einen schon die grausame Realität im Jemen, Irak oder Afghanistan, wenn einen in der Regel nicht einmal wirklich berührt, wenn etwas in einem Nachbarbezirk passiert, solange es keine Auswirkungen oder Einfluss auf das eigene Leben und die eigene Sicherheit hat.

Natürlich gibt es auch Menschen, die sich tatsächlich für eine bestimmte Region, einen Staat oder eine Stadt in der muslimischen Welt interessieren, aber das passiert in den allermeisten Fällen entweder, weil man über Familie oder Freunde einen Bezug dorthin hat, oder weil man es sich zum Ziel gesetzt hat, Menschen in armen Regionen zu helfen, seinen Zivildienst dort absolviert hat und sich nach wie vor verbunden fühlt.

Nächstenliebe streichelt auch die eigene Seele und beruhigt das eigene Gewissen. Vielleicht hat das falsch verstandene Bild Israels und den mit dem jüdischen Staat verbundenen Wechselbeziehungen mit der muslimischen Region auch etwas damit zu tun: Gewissen. Vielleicht liegt der Fokus auf Israel, weil man nicht weiß, wie man mit der Vergangenheit abschließen soll.

Vielleicht ist es einfach nicht möglich, mit so einem absichtlichen Massenmord an vielen Millionen Menschen abzuschließen. Selbst nicht nach mehreren Generationen. Vielleicht treibt diese Aussichtslosigkeit, das Gefühl, dass es keine Flucht vor der Vergangenheit gibt, viele Deutsche in den Tunnelblick. Der Tunnelblick dient schließlich dem eigenen Gewissen.

Aus welchen Gründen sollte das Schicksal arabisch-muslimischer Palästinenser einen Deutschen mehr betreffen als das Schicksal arabisch-muslimischer Irakis, Jemeniten, Libanesen, Algerier oder Syrer?

Es hat mit dem eigenen Gewissen zu tun. Das gilt es endlich zu bereinigen, um in eine gemeinsame positive

Zukunft blicken zu können. Ohne Frust. Ohne Schuldgefühle. Ohne Tunnelblick!

Der erste Weg raus aus der Spirale der Schuldgefühle, die sich in Frust, Wut und am Ende in einen Tunnelblick verwandeln, ist, zu verstehen, dass im Nahen Osten mehrere parallel laufende Nahostkonflikte stattfinden, die alle nichts mit dem jüdischen Staat zu tun haben.

Drei zentrale Nahostkonflikte sind meiner Meinung nach nennenswert. Da ist zum einen der Konflikt zwischen den Sunniten und den Schiiten; dann der ethnische Konflikt zwischen Türken, Arabern und Persern; und schließlich der innersunnitische Konflikt um die korrekte Auslegung und praktische Umsetzung des sunnitischen Islam. Alle Konflikte haben mit dem Islam, aber noch viel mehr mit der Gier nach Macht zu tun.

Der iranische Revolutionsführer Ayatollah Ali Chomeini soll bei der Absetzung des iranischen Staatspräsidenten Banisadr 1979 die folgenden Worte gefunden haben: „Unser Streit geht nicht um Gott. Schlagt euch das aus dem Kopf. Es geht auch nicht um den Islam. Das ist Unsinn, mich könnt ihr damit nicht überlisten. Mir selbst und euch allen geht es um die eigene Person, jeder von uns will die Macht, die ganze Macht." (Zitiert nach Bahman Nirumand / Keywan Daddjou: Mit Gott für die Macht. Eine politische Biographie des Ayatollah Chomeini, Reinbek bei Hamburg 1989, S. 5)

Der zentrale Nahostkonflikt geht fast 1 400 Jahre zurück und wird zwischen den Sunniten und den Schiiten ausgetragen. Es ist der sunnitisch-schiitische Nahostkonflikt. Es geht darum, welche Ausrichtung innerhalb der Religion die Vormachtstellung hat und in Zukunft haben wird. Bis zur Islamischen Revolution des Jahres 1979 im Iran gab es keinen Zweifel, welcher Zweig den Ton angibt. Es waren immer die Sunniten. Unangefochten. Bis auf eine Ausnahme im 11. Jahrhundert, als die schiitischen Fatimiden Ägypten und Teile Nordafrikas beherrschten. Die Sunniten stellten schon immer die große Mehrheit der Muslime dar. Fast alle muslimischen Staaten und Weltreiche wurden und werden nach wie vor von Sunniten geführt. Daran hat sich bis heute nichts geändert. Über 85 Prozent der Muslime weltweit sind Sunniten. Die schiitische Minderheit war seit ihrer Entstehung, kurz nach der Gründung des Islams als dritte monotheistische Weltreligion, immer in der Defensive und musste sich vor der Mehrheit der Sunniten in Acht nehmen.

Das hat sich seit der schiitisch-islamischen Revolution im Iran geändert. Denn seit 1979 haben die iranischen Schiiten unter Führung der Mullahs und der Revolutionsgarden begonnen, die gesamte Region auf den Kopf zu stellen. Mit viel Geduld, mit Jahrzehnten unermüdlicher Terrorförderung und mit dem westlichen Rückzug aus bestimmten Gebieten haben die Schiiten mittlerweile die Hälfte der Region zwischen dem Mittelmeer, dem Golf von Oman und Kabul unter ihre Kontrolle gebracht. Die Revolutionsgarden und ihre Auslandseinheit, die Al-Quds-Brigaden, sind buchstäblich an jedem schiitischen Haushalt im Libanon, Syrien, Irak, Jemen, Aserbaidschan und Bahrain interessiert. Mit Ausnahme des Inselstaates Bahrain und dem nördlich am Iran angrenzenden Aserbaidschan haben die Iraner es im Laufe der letzten 40 Jahre geschafft, alle von Schiiten bewohnten Regionen des Nahen Ostens vollständig zu unterwandern.

Das anschaulichste Beispiel für die Vorgehensweise des iranischen Regimes ist der Libanon, wo sie die schiitische Terrorarmee Hisbollah gegründet, finanziert, aufgerüstet, indoktriniert und trainiert haben. Die Hisbollah dient dem Iran als zentraler Verbündeter, der alle

Zügel im Libanon in der Hand hält und dank der Unterstützung durch das Mullahregime nicht nur stärker als die libanesische Armee aufgestellt ist, sondern mehr Raketen besitzt als alle NATO-Staaten, ausgenommen den USA, gemeinsam.

Auch in Syrien lässt sich der unermüdliche Einsatz des iranischen Regimes über Jahre hinweg beobachten. Die Iraner haben sich im Krieg in Syrien auf die Seite Assads gestellt und wesentlich zu seinem Überleben und Machterhalt beigetragen. Auch in diesem Fall mit dem klaren Ziel vor Augen, das Land und die Bevölkerung für die eigenen Ziele und Zwecke zu benutzen und zu missbrauchen. Die Iraner haben in den letzten Jahren nicht nur ihre eigenen iranischen „boots on the ground" verstärkt, sondern auch der libanesisch-schiitischen Hisbollah und von ihnen bezahlten und trainierten afghanischen und pakistanischen Söldnertruppen die Tore nach Syrien geöffnet.

Die Iraner stehen auch hinter der Bewaffnung der Huthi-Terrorarmee im Jemen, die schon mehrfach mit aus dem Iran geschmuggelten Raketen Saudi-Arabien und die Vereinigten Arabischen Emirate beschossen hat.

Auch im Irak hat das iranische Regime seit dem Fall Saddam Husseins und dem langsamen, aber absehbaren Rückzug der Amerikaner in Zusammenarbeit mit der schiitisch-irakischen Führung mehrere schiitische Armeen, allen voran die Al Hasch asch Scha'bi, und Organisationen wie die Kata'ib Hisbollah und die, Asa'ib Ahl al-Haqq gegründet, um über diese Verbündeten ihre Kontrolle über den Irak zu gewährleisten.

Doch wer dachte, dass sich die schiitische Hochburg in ihrem Kampf um die Vormachtstellung im Islam nur auf schiitische Bevölkerungen und Verbündete stützt, der hat sich getäuscht. Die Revolutionsgarden sind nämlich parallel zur Aufrüstung schiitischer Verbündeter in der gesamten Region auch auf der ständigen Suche nach sunnitischen „nützlichen Idioten“, die bereit sind, sich mit dem Iran zu verbünden, um im Gegenzug finanzielle und militärische Unterstützung zu erhalten. Das beste Beispiel dafür sind die palästinensischen Terrororganisationen Hamas und Islamischer Dschihad im Gazastreifen und dem Westjordanland bzw. Judäa und Samaria, die, obwohl sunnitisch und arabisch, sich mit dem iranischen Regime verbündet haben, um sich ihren Machterhalt zu sichern. Selbst mit Al-Qaida und anderen globalen sunnitischen Terrororganisationen arbeiten iranische Einheiten zusammen, solange es ihnen hilft, mehr Gebiete unter ihren Einflussbereich zu bekommen.

Zum ersten Mal in der Geschichte des Islams stehen sich somit die zwei zentralen Glaubensrichtungen auf Augenhöhe gegenüber. Es geht um das Morgen. Es geht um die nächste Generation der Muslime, sei es im Nahen Osten, Asien, Afrika, Europa oder den USA, und um die Frage, ob sie sich nach der sunnitischen oder der schiitischen Lehre ausrichten werden. Es geht also um den Islam – und um Macht.

Auch im zweiten regionalen Nahostkonflikt, der sehr vieles überschattet und parallel zum großen sunnitisch-schiitischen Machtkampf läuft, wird der Kampf ausschließlich zwischen Muslimen ausgetragen. Es ist ein ethnischer Nahostkonflikt, der zwischen den drei großen ethnischen Gruppen – den Türken, Persern, und Arabern – geführt wird. Kleinere ethnische Gruppen wie die Kurden nehmen teilweise wichtige Nebenrollen ein, können aber alles in allem froh sein, wenn sie von den großen ethnischen Gruppen auf ihrem Weg nach mehr Macht in Ruhe gelassen werden.

Alle drei großen ethnischen Gruppen beanspruchen die Vormacht im Nahen Osten für sich. Die Araber, weil sie den anderen zwei Gruppen zahlenmäßig haushoch überlegen sind, weil sie Öl und Gas, die Pyramiden und Mekka haben und weil der Koran auf Arabisch geschrieben ist. Die Türken, weil sie über mehrere Jahrhunderte das letzte große muslimische Weltreich, das Osmanische Reich, angeführt haben und bis vor weniger als 100 Jahren das Sagen über einen Großteil der muslimischen Welt hatten.

Und die Iraner beziehungsweise Perser, weil sie es waren, die einmal weite Teile der Welt unter ihrer Macht hatten, immer wieder regionale Imperien zum Vorschein brachten und für eine bestimmte Zeitperiode halten konnten und schlussendlich das Volk sind, das die Islamische Revolution durchgeführt hat.

Die Türken bombardieren die Kurden. Die Iraner übernehmen viele Teile der arabischen Welt und hetzen die einen gegen die anderen auf. Die Araber kooperieren mit Israel in Sachen Sicherheit, um sich besser gegenüber den Iranern, und in Sachen Gasvorkommen im Mittelmeer, um sich besser gegenüber den Türken aufstellen zu können. Die Perser sagen, sie seien bereit, Israel bis auf den letzten Araber zu bekämpfen und die Araber seien eigentlich nichts weiter als „kamelreitende Beduinen in der Wüste".

Es ist ein täglicher ethnischer Nahostkonflikt um der eigenen ethnischen Gruppe willen – und um Macht.

Auch der dritte nennenswerte und sich in der gesamten Region entfaltende Nahostkonflikt ist ein komplett innermuslimischer Konflikt, der dieses Mal jedoch innerhalb der sunnitischen Mehrheitsgesellschaft selbst ausgetragen wird. Es ist der innersunnitische Nahostkonflikt. Wie oben erwähnt, gehören über 85 Prozent der Muslime dem Sunnitentum an. Von Marokko über die Türkei und Saudi-Arabien bis nach Indonesien im fernen Ostasien sind es Sunniten, die größtenteils unter sich leben und Zeugen eines blutigen Konfliktes in den eigenen Reihen sind, der sowohl lokal als auch regional ausgetragen wird. Hierbei geht es darum, nach welchen Richtlinien ein sunnitischer Staat bzw. die sunnitische Weltgemeinschaft leben sollte. Ginge es nach den globalen sunnitischen Dschihad-Organisationen, die bekanntesten unter ihnen Al-Qaida und ISIS, oder den lokal operierenden sunnitischen Dschihad-Organisationen, wie z. B. Boko Haram in Nigeria, die Taliban in Afghanistan oder der Al Shabaab in Somalia, würde ihr Ziel erst erreicht sein, wenn das muslimische Schwert entweder die Ungläubigen (Dar al Harb) getötet oder zur Konvertierung zum Islam gezwungen hätte, damit die gesamte Weltgemeinschaft nach den Gesetzen der Scharia leben könnte.

Weit weg von dieser Auffassung befinden sich „kulturelle" Muslime, die sich in ihrem Alltag keinen strikten religiösen Regeln unterwerfen, teilweise sogar eher westlich ausgerichtet sind und/oder in enger Kooperation mit westlichen Staaten stehen, wie z. B. die Regierungen in Ägypten, Tunesien, Usbekistan oder dem muslimischen Kosovo sowie die Palästinensische Autonomiebehörde. In diesen Ländern wird selbstverständlich jedem Muslim erlaubt, seinen Glauben so auszuleben, wie er oder sie möchte, jedoch besteht in vielen Bereichen eine Trennung zwischen Staat und Religion, wie es auch in vielen Teilen der christlichen Welt und in Israel der Fall ist. In diesen Ländern müssen Frauen z. B. kein Kopftuch tragen und können sich mehr oder weniger frei bewegen, was in Ländern, in denen radikale sunnitische Extremisten der oben genannten Gruppierungen das Sagen haben, absolut nicht geduldet wird.

Zwischen dem globalen und lokalen Dschihad-Sunnitentum und den westlich orientierten Regierungen gibt es noch eine dritte Ausrichtung, die hier noch zu erwähnen ist und keinesfalls unterschätzt werden sollte: die Muslimbruderschaft. Die Bruderschaft, 1928 in Ägypten von Hassan al-Bana gegründet, ist in der Türkei und Katar mittlerweile zur „Staatsreligion" geworden und bildet die größte Opposition in Ägypten. Auch die Hamas mit Sitz im Gazastreifen lässt sich der Muslimbruderschaft zuordnen. Die Muslimbrüder (und -schwestern) gehen den Mittelweg, d. h. sie sind einerseits oftmals westlich gekleidet und nicht selten sogar westlich gebildet, stehen jedoch felsenfest hinter der Idee des Dschihad, des Heiligen Krieges. Sie tanzen auf allen Hochzeiten – den Demokraten aus dem Westen geben sie das Gefühl, sie seien wie sie, und den religiösen Fanatikern der Region und Nachbarschaft vermitteln sie den Eindruck, man strebe genau dasselbe Ziel an, wenn auch auf andere Weise.

Diese drei verschiedenen Ausrichtungen innerhalb der sunnitischen Mehrheitsgesellschaft der Welt verursachen tägliches Blutvergießen. Um nur ein lokales Beispiel zur Veranschaulichung zu nennen, in dem diese drei Gruppen sich täglich bekämpfen, sei der bevölkerungsstärkste arabische Staat der Welt, Ägypten, genannt. Eine westlich gesinnte Regierung, die mit den Amerikanern, Israel und vielen Europäern gemeinsame Sache macht, steht einerseits den Muslimbrüdern, die seit 1928 die größte Opposition bilden, in einem täglichen Zermürbungskrieg gegenüber, in dem nichts unversucht bleibt, um die andere Seite zu schwächen. Andererseits befinden sich ägyptische Soldaten, die vom Staat geschickt werden, im nordwestlichen Teil der Sinai-Halbinsel in einem gefährlichen Katz-und-Maus-Spiel mit Tausenden Dschihadisten des Islamischen Staates. Jede dieser drei Ausrichtungen strebt eine andere ägyptische Gesellschaft und Staatsform an, und sie können und werden nie Seite an Seite in Frieden leben und zusammenarbeiten können.

Alle drei großen Nahostkonflikte, die ich kurz geschildert habe, werden sowohl übernational als auch lokal ausgetragen. Täglich werden Muslime von anderen Muslimen aufgrund des einen oder anderen Nahostkonfliktes ermordet. Das alles hat absolut gar nichts mit den Juden oder Israel zu tun. Es geht um den Islam – und es geht um Macht.

Israel und auch die Palästinenser stellen nur einen Nebenschauplatz dar. Sie werden in einigen muslimischen Staaten einzig und allein für interne Propagandazwecke missbraucht. Warum? Entweder, um den islamischen Zusammenhalt zu stärken. Oder die eigene Macht.

In der Regel geht es um beides: Islam und Macht.

16 Zurück aus Jerusalem

Das Jüdische Filmfestival Wien feierte dieses Jahr sein 30. Jubiläum. Vom 24. April bis zum 8. Mai liefen in den Village Cinemas Wien Dutzende Filme mit jüdischer Thematik. Die Festivalbetreiber hatten sich entschieden den auf meiner Autobiographie basierenden Film „Ein nasser Hund" am Eröffnungsabend zu zeigen. Monate zuvor haben mich die Veranstalter schon über Mail und Telefon kontaktiert und mir ihre Wahl bekannt gegeben und erläutert. Es sei ihnen ein Anliegen, endlich auch die Beziehungen zwischen europäischen Juden und Muslimen zu thematisieren. Beziehungen, die positive, aber leider auch negative Aspekte besitzen. Kein Film bringe das so gut zum Ausdruck wie „Ein nasser Hund".

Ich fühlte zum ersten Mal eine gewisse Anerkennung und Verständnis von Kulturschaffenden. Zum ersten Mal hatte ich das Gefühl, dass Europäer sich wirklich mit jüdisch-muslimischen Beziehungen und der „heißen Kartoffel" Antisemitismus von Seiten der Muslime befassen wollten. Es ist schließlich keine Ausnahmesituation mehr, dass Juden und Muslime sich in Rotterdam, Marseille, Malmö, Köln oder eben Berlin und Wien begegnen, auf eine Schule gehen, gemeinsam Fußball spielen und Nachbarn sind.

Ich verspürte Anerkennung nicht nur für das, was ich mache, schreibe oder sage, sondern auch für all den Schmerz, mit dem ich während meiner Jugendjahre ringen musste und der mich bis zum heutigen Tage beschäftigt. Anerkennung auch für meine Vergangenheit, die mich wesentlich geprägt hat. Für die neue europäische Realität in nicht wenigen Großstädten, die ich hautnah erlebt habe und die nun endlich auch thematisiert wird, zumindest am Eröffnungsabend der Jüdischen Filmfestspiele Wien.

Diese Einladung, dachte ich mir, sollte ich nutzen, um meinem neunjährigen Sohn Raphael und vielleicht auch schon meiner siebenjährigen Tochter Michelle anhand des Filmes Papas Vergangenheit etwas näherzubringen. Wer weiß, ob sie jemals in der Lage sein würden, Deutsch gut genug zu verstehen, um meine Autobiographie lesen zu können. Eindrücke aus dem Film werden sie definitiv erhalten und er könnte als ein Sprungbrett dienen, um ihnen langsam ein wenig mehr zu erzählen. So entschlossen wir uns, als Familie nach Wien zu fliegen und den Filmabend gemeinsam zu erleben.

Der 24. April war ein Sonntag. Tagsüber waren wir noch im Prater-Vergnügungspark und meine Kinder zwangen mich, alle möglichen Achter- und Geisterbahnen mit ihnen zu fahren. Das Wetter war schön. In Wien fand ein Marathon statt und über uns schwebte ein Helikopter, um im Notfall Verletzte so schnell wie möglich ins Krankenhaus zu transportieren.

Mit den Gedanken war ich aber schon längst bei meiner Eröffnungsansprache. Ich wollte die perfekte Balance zwischen zwei Themen finden: einerseits dem radikalen muslimischen Antisemitismus, der mir das Leben schwer gemacht hat, andererseits der jüdisch-muslimischen Freundschaft. Es musste ein Sowohl-als-auch sein. Alle Zuhörer sollten verstehen, dass die Realität kompliziert ist, dass Verallgemeinerung keinen Sinn machen. Muslime sind genau so wenig alle Antisemiten, wie sie alle Judenfreunde sind. Es gab und gibt diese und jene. Ich habe hunderte Muslime kennengelernt und will meine Erfahrungen teilen.

Die Veranstalter baten mich, schon gegen 16:30 Uhr ins Kino zu kommen, um einigen interessierten Medienvertretern kurze Interviews zu geben. Gegen 18:00 Uhr sollten eine Reihe Ansprachen gehalten und um 19:00 Uhr dann endlich der Film gezeigt werden.

Das Hotel Biedermeier, in dem meine Familie und ich untergekommen waren, lag nur wenige Minuten Fußweg vom Kino entfernt. Da ich mir bewusst war, wie lange meine Tochter in der Regel braucht, um sich fertig zu machen, ging ich schonmal mit Raphael voraus und bat meine Frau Liel, mit Michelle gegen 18:00 Uhr zum Kino zu kommen.

Auf dem Weg zum Kino hatten Raphael und ich ein Vater-Sohn-Gespräch wie selten zuvor. Er hatte sich allem Anschein nach Gedanken über den Filmabend und meine Vergangenheit gemacht, denn er fragte mich plötzlich: „Papa, wieso hast du damals nicht einfach verschwiegen, dass du Jude bist? Hättest du es niemanden gesagt, dann hättest du auch keine Probleme gehabt.“ Ich war beeindruckt von seinem Scharfsinn und wie sehr ihn meine Vergangenheit beschäftigte, jetzt, wo wir auf dem Weg ins Kino waren, um einen Film zu sehen, der ihn zweifellos beeinflussen würde.

Ich antwortete ihm ehrlich, dass ich überhaupt keine Ahnung gehabt hatte, dass es Menschen gibt, die aufgrund der Identität eines anderen Menschen darüber entscheiden, ob er Freund oder Feind ist – und das schon mit 13 Jahren. Rückblickend, so bitter die Erfahrung auch gewesen sein mag, hätte ich nichts anders gemacht, ließ ich Raphael wissen, denn auch wenn es harte Jahre waren, sie haben mich vieles über die menschliche Natur gelehrt und mich auf das Leben vorbereitet.

Der Kinosaal füllte sich ziemlich schnell, die Stimmung war gut. Über 200 Gäste nahmen so langsam in den gemütlichen Kinosesseln Platz. Es schien niemanden zu stören, dass wir Verspätung hatten. Liel und Michelle waren mittlerweile auch eingetroffen, wie auch der Filmregisseur und zwei der Schauspieler. Wir wurden alle in eine Reihe gelotst, es muss die dritte oder vierte Reihe gewesen sein, und nahmen Platz. Rechts neben mir saß Doguhan Kabadayi, der deutsch-türkische Schauspieler aus Berlin, der mich im Film spielte, und links neben mir machten es sich Michelle und einen Sitz weiter Raphael gemütlich, die beide damit beschäftigt waren, in kürzester Zeit so viel Popcorn wie nur möglich in sich hineinzustopfen. Da es in Israel in der Regel nur gesalzenes Popcorn im Kino gibt, Liel ihnen aber gezuckertes bestellt hatte, war allein das schon ein Erlebnis für meine Kinder und sie waren die glücklichsten im Saal.

Endlich ging es los. Eine sympathische Moderatorin begrüßte die Besucher und bat den Festivaldirektor, den Botschafter des Staates Israel, eine Kulturbeauftragte der österreichischen Regierung und eine Vertreterin der jüdischen Gemeinde Wien nacheinander auf die Bühne, um ein Grußwort zu sprechen. Ein Grußwort kann sich in manchen Fällen auch zu einem Grußroman hinziehen und meine Kinder wurden ungeduldig, hatten aber zum Glück noch genügend Popcorn zu bewältigen.

Dann wurde ich nach vorne gerufen, um als Autor der Buchvorlage zum Film die letzte Ansprache zu halten. Ich fing in Berlin an und schloss in Israel ab. Ging einerseits auf muslimischen Antisemitismus, andererseits auf die Abraham Accords und die Zeitenwende in den Beziehungen zwischen Juden und Muslimen ein. Sowohl als auch. Von Mikro zu Makro und wieder zurück. Der Bogen war gespannt. Alles ergab Sinn, dachte ich mir, und der laute Beifall schien mir Recht zu geben.

Noch bevor ich mich wieder hinsetzen konnte, fingen meine Kinder mich ab und umarmten mich herzlich. Sie waren vielleicht zum ersten Mal in ihrem Leben so richtig stolz auf ihren Vater.

Im Anschluss an den Film wurden der Regisseur, die zwei Schauspieler und ich auf die Bühne gebeten, um an einer Podiumsdiskussion teilzunehmen. Die Moderatorin stellte jedem von uns eine Frage, um das Gespräch in Fahrt zu bringen, und rief nach wenigen Minuten das Publikum auf, ebenfalls am Gespräch teilzunehmen und Fragen an uns zu richten.

Doch niemand meldete sich. Der Saal war mucksmäuschenstill. Nach einer kurzen Pause der Verwunderung rief die Moderatorin das Publikum mit anderen Worten ein zweites Mal auf, dem Regisseur, den Schauspielern oder mir eine Frage zu stellen – doch es kam nichts. Keine einzige Frage. Keine einzige Anmerkung.

Etwas merkwürdig fand ich das schon. Vor allem, weil das Thema des Filmes, jüdisch-muslimische Beziehungen im Herzen Europas, sonst nur selten thematisiert wird und ein weitestgehend unbekanntes Feld ist. Wer weiß, bildete ich mir ein, vielleicht hatten die über 200 Zuschauer sich schon im Vorfeld so sehr mit der Thematik befasst, dass ihnen alles sofort einleuchtete. Der Film war schließlich relativ leicht zu verstehen und Wien eine Stadt voll gebildeter Menschen mit Welterfahrung. Der Film schien einfach keine Fragen offen zu lassen und das spricht für sich, bildete ich mir ein.

Mit den Veranstaltern, dem Regisseur und den Schauspielern saßen wir im Anschluss noch im direkt neben dem Kino liegenden China-Restaurant und ließen den Abend ausklingen. Meine Frau Liel schien zufrieden zu sein und Raphael und Michelle waren begeistert, dass sie um diese Uhrzeit noch in einem Restaurant sitzen und eine ihrer Lieblingsspeisen, Sushi, bestellen durften.

Auf dem Weg ins Hotel hielten wir uns alle an den Händen und waren glücklich. Zurück im Hotelzimmer schliefen die Kinder sofort ein und auch Liel antwortete mir schon sehr bald ziemlich undeutlich, weil sie sich schon im Halbschlaf befand. So war ich schon nach kurzer Zeit wieder einmal auf mich gestellt und musste mit all meinen Eindrücken des Abends alleine zurechtkommen.

Es fiel mir schwer. Wie nie zuvor. Diesmal waren nämlich, zum ersten Mal, auch die Kinder involviert. Ich fragte mich, was sie wohl ihren Freunden und Lehrerinnen erzählen würden. Ob die Szene mit der Messerstecherei ihnen im Kopf bleiben würde? Sie womöglich beschäftigen würde? Und ob das ganze einen Einfluss auf ihre jüdische Identität haben könnte? Viele Fragen. Keine Antworten. Ein wenig Sorgen hatte ich schon. Mir blieb nichts anderes übrig, als zu hoffen, dass es das Richtige gewesen war, meine Kinder zum jetzigen Zeitpunkt damit zu konfrontieren.

Zwei Tage später wurden wir von einem Fahrer der Filmfestspiele vom Hotel abgeholt, um uns zum Flughafen zu fahren. Ich setzte mich zu ihm nach vorne, Liel und die Kinder nahmen auf der Rückbank Platz. Der Fahrer war ein netter Mann, im Alter meines Vaters. Wir begannen auch sofort ein freundschaftliches Gespräch. Erst über die Welt und Wien, und dann über den Filmabend in den Village Cinemas. Er war am Eröffnungsabend dabei und lobte mich für meine tolle Ansprache, die ihn sehr bewegt habe.

Glücklich über dieses unerwartete positive Feedback drehte ich mich zu Liel um und sagte stolz: „Hörst du, Liel, meine Rede kam bei unserem Fahrer sehr gut an. Wie schön, dass alles so gut lief und wir uns von Wien mit so einem positiven Eindruck verabschieden können. Was sagst du dazu?"

Noch bevor Liel sich äußern konnte, fuhr unser Fahrer fort: „Ich fand den Film sehr gut und kann überhaupt nicht verstehen, warum es Kritik gab." Mir verging das Lachen und ich drehte mich zurück zum Fahrer. Es war, als ob ich aus dem nichts eine Backpfeife verpasst bekommen hätte.

„Was meinen Sie mit Kritik?", fragte ich ihn und er antwortete: „Na ja, eine kleine Gruppe von älteren jüdischen Zuschauern hat sich am Tag danach bei den Veranstaltern darüber beschwert, dass sie den Film ‚Ein nasser Hund' als Eröffnungsfilm der Filmfestspiele ausgewählt hätten. Sie haben die Veranstalter gefragt, was denn Bandenschlägereien von Muslimen mit ‚uns' zu tun haben?" Mit „uns" meinten diese Herrschaften „uns Juden". Sie seien anscheinend sehr enttäuscht gewesen über den Eröffnungsabend und hätten ihren Unmut den Veranstaltern mitgeteilt.

Ich musste tief schlucken. Es wäre auch alles zu schön gewesen, um wahr zu sein. Irgendeinen Haken musste das Ganze doch haben. Schließlich habe ich noch nie irgendetwas angestellt, ohne dafür auch Kritik zu ernten, dachte ich mir. Nicht selten, und das ist vielleicht das besonders Bittere an allem, kam diese Kritik aus den „eigenen Reihen", von Juden, die sich nicht nur nicht mit mir und meinen Erfahrungen, in diesem Falle anhand eines Kinofilmes, identifizieren können, sondern denen ich und alles, was ich verkörpere, ein Dorn im Auge zu sein scheint.

Es ist ein Trauerspiel. Sie kennen die „Straße" Europas nicht, weil sie nur unter ihresgleichen bleiben. Sie sind so weltfremd, dass sie keinen Grund sehen, ihren Elfenbeinturm zu verlassen und die Muslime wahrzunehmen. Es scheint keinerlei Berührungspunkte zwischen diesen älteren Juden und ihren Millionen meist jungen muslimischen Mitbürgern zu geben.

Und dann komme ich daher mit meiner Vergangenheit und meiner Gegenwart und erzähle und schreibe und es erscheint sogar ein Film auf der Leinwand – doch es interessiert sie nicht, weil es einfach nicht ihre Welt ist.

So denken sie. Doch sie täuschen sich. Es ist ihre Welt. Es ist die Welt ihrer Kinder und Enkelkinder. Es ist unser aller Welt.

Wer in Europa lebt und den Nahen Osten verstehen möchte, der sollte als erstes Europa und die Entwicklungen in der eigenen Region, der eigenen Stadt, dem eigenen Bezirk und der eigenen Nachbarschaft verstehen. Europa und der Nahe Osten sind natürlich nicht ein und dasselbe, jedoch lassen sich viele Parallelen ziehen, wenn man beide Regionen kennt. Ich meine: wirklich kennt. Tatsächlich gibt es oft eine große Ähnlichkeit zwischen den Beziehungen verschiedener Kulturen und Religionen, die auf individueller Ebene stattfinden, und den Beziehungen zwischen Staaten. Staaten werden im Endeffekt von Menschen geleitet und geformt. Menschen verschiedener Kulturen und Religionen. Wer in Europa lebt und nicht einmal Interesse hat, sich mit den verschiedenen Kulturen und Religionen, ihren Gemeinsamkeiten und ihren Differenzen zu befassen, der wird auch nicht in der Lage sein, zu verstehen, was für eine Zeitenwende es ist, wenn Israelis in den Vereinigten Arabischen Emiraten landen und an der Passkontrolle mit „Schalom Habibi“ begrüßt werden. Wer bei einem Filmfestival in Europa der Meinung ist, dass das Thema „Muslime“ nichts mit „uns Juden“ zu tun habe, der scheint entweder wirklich in einem Elfenbeinturm abseits der Realität zu leben oder ist einfach nur sehr ignorant.

Dieses Buch, „Schalom Habibi“, ist der erste Versuch, zumindest in deutscher Sprache, sowohl jüdisch-muslimische Beziehungen als auch die Beziehungen zwischen Israel und der muslimisch dominierten Region des Nahen Ostens und darüber hinaus zu schildern, mit einem Fokus auf das Positive. Durch den generellen Tunnelblick auf den Nahen Osten, die muslimische Welt und das sich mittendrin befindende Israel haben sehr viele Europäer und insbesondere Deutsche eine feste Meinung, die auf gefährlichem Halbwissen, Ignoranz und teilweise verzerrter Berichterstattung basiert. Unter dem Strich nimmt man fast ausschließlich Krieg, Terror und religiösen Fanatismus wahr, während positive Entwicklungen, harmonisches Zusammenleben und Frieden an großen Teilen der deutschen Öffentlichkeit offenbar vorbeigegangen sind, ohne jegliche Spuren hinterlassen zu haben.

Dieses Buch ist nur der Startschuss in eine friedlichere Zukunft. Ich glaube daran und werde nicht ruhen, solange man sich in meiner alten Heimat Deutschland weigert, neben den zahlreichen Nahostkonflikten auch die Zeitenwende für jüdisch-muslimische Freundschaft und Frieden anzuerkennen.

17 Frieden ist keine Fantasie mehr

„Shalom Arye Habibi, verfolge dich schon etwas länger auf den sozialen Medien und habe Respekt vor dem, was du tust! Ich selber bin Palästinenser, Angehöriger eines großen beduinischen Clans, von dem der Großteil mittlerweile in Berlin wohnt. Sonnenallee gehört den Beduinen, sagen alle. Das stimmt irgendwo.

Mein Opa ist damals aus syrischer Haft entlassen worden, stand Arafat sehr nah. In den 90ern, nach den Verhandlungen des Oslo-Friedensprozesses, wurde mein Opa von Arafat in die Westbank eingeladen, dort ließ er sich wiederum nieder und später wurde er unter Präsident Abbas Commander der Amn Al Watani Kräfte.

Wollte dir mitteilen, dass auch ich immer wieder mit dem Hass gegenüber Juden und Israel aufgewachsen bin. Doch ein Schlüsselerlebnis änderte meine Denke. Wir waren unsere Familie besuchen in der Westbank, im Jahre 2013. Vorher landeten wir in Israel, blieben dort einige Tage und dort löste sich der Hass, der mir in die Waagschale gelegt wurde, wie von selbst auf.

Was ich dir damit mitteilen möchte ist, dass nicht jeder von uns auf die Propaganda seines Elternhauses oder der arabischen Medien hereinfällt. Wenn du mal in Berlin bist, gib Bescheid. Essen ein Döner gemeinsam. Pass auf dich auf." (Die Originalschreibweise der Nachricht wurde beibehalten.)

Diese Nachricht habe ich vor wenigen Monaten über mein Instagram-Profil erhalten. Es ist nicht die erste und es wird ganz bestimmt auch nicht die letzte Nachricht sein, die man mir schickt und die mir beweist, dass es da draußen viele gibt, die sich Annäherung, Freundschaft und Frieden wünschen. So wie ich.

Man weiß jedoch nicht immer, wie es gehen soll. Fühlt sich oft gefangen in einer von Vorurteilen, Misstrauen und Hass dominierten Realität. Doch es geht anders. Es muss anders gehen. Warum auch nicht? Fehlt es an Land auf der Welt? Nein. Fehlt es an Nahrung auf der Welt? Nein. Fehlt es an Handys und Autos auf der Welt? Nein.

Wie hört man hochrangige Mafiosi und Kartellchefs in Gangsterfilmen immer wieder sagen: „Krieg ist schlecht fürs Geschäft. Entweder wir einigen uns und haben alle etwas davon, oder wir führen Krieg und verlieren alle." Ich bin für's Einigen. Der Startschuss ist gefallen.

Die kommenden Jahre werden uns beweisen, ob die hier von mir angekündigte Zeitenwende eine Fata Morgana oder im schlimmsten Fall ein Schuss nach hinten war, oder ob sie tatsächlich weitere Teile des Nahen Ostens in ihren Bann ziehen und positiv beeinflussen wird.

Vielleicht wird es am Ende dieses Prozesses auch zu einer Lösung des Konflikts zwischen Israel und dem Libanon und Israel und den Palästinensern kommen. Es wäre zumindest denkbar, sobald der sich mittlerweile zu weit aus dem Fenster hängende Mullah samt seiner Leibgarde, den Revolutionsgarden, so bald wie nur möglich aus dem Fenster fällt und ein neuer Tag im Nahen Osten anbricht.

Mit ein wenig Fantasie ist das vorstellbar. Wer hätte sich vor wenigen Jahren ausmalen können, dass Israel und die Vereinigten Arabischen Emirate Frieden schließen werden? Habe ich mir vorstellen können, dass ich beim Vorzeigen meines israelischen Passes an der Passkontrolle in Dubai mit „Schalom Habibi" begrüßt werde?

Wie sagte schon Albert Einstein: „Fantasie ist wichtiger als Wissen, denn Wissen ist begrenzt."

Mit Blick in die Zukunft weiß ich nicht viel. Was ich weiß, ist, dass es ein langer und schwieriger Weg sein wird. Doch ich weiß auch, dass Frieden schon lange keine Fantasie mehr ist, sondern langsam, aber mit großer Gewissheit, zumindest in bestimmten Teilen des Nahen Osten, das neue Normal ist.

Symbole der drei monotheistischen Religionen als Zeichen der Toleranz und Koexistenz in Haifa, Israel